MARKETING
ESSENCIAL PARA MÉDICOS
Conecte-se com seu paciente

MARKETING
ESSENCIAL PARA MÉDICOS
Conecte-se com seu paciente

Autores
Prof. Me. Hiram Baroli
Prof. Dr. Leonardo Oliveira Reis
Prof. Roberto Ferreres

Rio de Janeiro • São Paulo
2022

EDITORA ATHENEU

São Paulo	— *Rua Maria Paula, 123 – 18° andar* *Tel.: (11) 2858-8750* *E-mail: atheneu@atheneu.com.br*
Rio de Janeiro	— *Rua Bambina, 74* *Tel.: (21) 3094-1295* *E-mail: atheneu@atheneu.com.br*

CAPA: Equipe Atheneu
PRODUÇÃO EDITORIAL: MWS Design

CIP-BRASIL. CATALOGAÇÃO NA PUBLICAÇÃO
SINDICATO NACIONAL DOS EDITORES DE LIVROS, RJ

B243m

Baroli, Hiram Pereira.
Marketing essencial para médicos : conecte-se com seu paciente / Hiram Pereira Baroli, Leonardo Oliveira Reis, Roberto Gil Ferreres Junior. - 1. ed. - Rio de Janeiro : Atheneu, 2022.
: il. ; 23 cm.

Inclui bibliografia e índice
ISBN 978-65-5586-534-9

1. Marketing. I. Reis, Leonardo Oliveira. II. Ferreres Junior, Roberto Gil. III. Título.

22-77799	CDD: 658.8 CDU: 658.8

Gabriela Faray Ferreira Lopes - Bibliotecária - CRB-7/6643
17/05/2022   19/05/2022

Baroli, M.H.; Reis, L.O.; Ferreres, R.
Marketing Essencial para Médicos — Conecte-se com Seu Paciente

©*Direitos reservados à Editora Atheneu — Rio de Janeiro, São Paulo, 2022.*

Autores

Prof. Me. Hiram Baroli

Prof. Dr. Leonardo Oliveira Reis

Prof. Roberto Ferreres

Coautora e Colaboradores

Coautora

Andressa Honorato Myrela

Colaboradores

Amanda Rodrigues

Felipe Kirsanoff

Giovanna Montagnini

Isabella Amaral Baroli

Rafael Monteiro Videira

Sobre os Autores

Prof. Me. Hiram Baroli

linkedin.com/in/hiram-baroli/

@hirambarolii

Formado em Comunicação Social, com ênfase em Jornalismo. MBA de longa duração (900 horas) em Comunicação pela Escola de Comunicação e Artes da Universidade de São Pailo (ECA/USP). Pós-graduação em Marketing na Escola Superior de Propaganda e Marketing (ESPM). Mestrado em Comunicação e Semiótica pela Pontifícia Universidade Católica de São Paulo (PUC-SP). Gerente Geral de Operações Comerciais na *Folha de S.Paulo*. Conselheiro no Conselho Nacional de Autorregulamentação Publicitária CONAR. Vice-Presidente no Comitê de Marketing e Comunicação na HUBRH+abprh. Coordenador Nacional do Comitê de mercado anunciante da Associação Nacional de Jornais (ANJ). Professor Convidado na pós-graduação em Administração de Empresas da Fundação Getulio Vargas (FGV), nas disciplinas de Liderança, Negociação, Marketing, Gestão de Pessoas, Estratégia, Empreendedorismo e Técnicas de Comunicação, desde 2008. Professor Convidado de Marketing em Organizações de Saúde, no MBA em Gestão de Clínicas e Hospitais da FGV. Professor Convidado de Marketing no MBA FGV *on-line* (Seminário Presencial). Professor Convidado de Marketing de Varejo, Marketing Estratégico e Vendas no MBA de Gestão Estratégica de Empresas da Cadeia Automotiva. Homenageado com o reconhecimento por sua atuação destacada como docente no curso de pós-graduação em Administração de Empresas, pelas turmas da Unidade Paulista 24 (2012), 38 (2015), 42 (2016), 43 (2016), 55 (2019) e da Unidade Faria Lima, turma 7 (2018). Responsável por treinamento para profissionais de marketing em diversas organizações de saúde. Participou como mediador do 1º Fórum de Marketing para Saúde e na Health 2.0 Latin America. Palestrante convidado para eventos e universidades. Autor do livro *Gestão Estratégica de Clínicas e Hospitais*, coordenado pela professora Adriana Maria André, capítulo *Marketing Estratégico*, 1ª edição (2010) e 2ª edição (2014).

Prof. Dr. Leonardo Oliveira Reis

CRM-SP: 105293

linkedin.com/in/reisleouroscience/

Professor Livre-Docente em Urologia na Universidade Estadual Paulista (Unesp, Botucatu, 2018) e Professor Livre-Docente em Uro-Oncologia na Universidade Estadual de Campinas (Unicamp, Campinas, 2021), *Fulbright Visiting Professor at* Harvard University, *Urology Fellow at* Columbia University, Nova York, NY, EUA (American Urological Association, 2011). Pós-Doutorado na The Johns Hopkins University, School of Medicine, Baltimore, MD, EUA (CAPES, 2014-2015). Bolsa de Produtividade em Pesquisa 1, do Conselho Nacional de Desenvolvimento Científico e Tecnológico (CNPq), destinada a pesquisadores que se destacam entre os seus pares, segundo critérios normativos. Tem experiência na área de Urologia, com ênfase em Oncologia Urológica. Autor/coautor de mais de 200 artigos científicos indexados pela PUBMED, mais de 40 capítulos de livros nacionais e internacionais, Top Reviewer @Publons, prêmio CAPES Teses 2012 Medicina III (Cirurgia). Assessor *ad hoc* da FAPESP, CNPQ, CAPES e da American Urological Association (AUA). Membro Executivo da World Urologic Oncology Federation (WUOF). Membro e Acadêmico Internacional da AUA. *Handling Editor* do *World Journal of Urology* (Springer), ex-jornal oficial da Société Internationale d'Urologie (SIU) e Editor Associado e de Seção do *International Brazilian Journal of Urology* (IBJU), o jornal oficial da Sociedade Brasileira de Urologia (SBU) e da American Confederation of Urology (CAU). Diretor Científico (2018-2019) da Sociedade Brasileira de Urologia (SBU), Seção São Paulo. Presidente do Comitê de Ética em Pesquisa em Seres Humanos (2016-2019) da Pontifícia Universidade Católica de Campinas (PUC-Campinas). Ranqueado AD Scientific Index 2021, 2022 (Latin America Best Scientists).

https://orcid.org/0000-0003-2092-414X

br.linkedin.com/in/reisleouroscience/

http://lattes.cnpq.br/8285758239980543"

Prof. Roberto Ferreres

www.robertoferreres.com.br

@robertoferreres

Professor e Publicitário, Bacharel em Comunicação Social na Universidade Anhembi Morumbi (UAM), MBA pela Fundação Getulio Vargas (FGV) em Gestão de Clínicas e Hospitais, especialização em CRM, Customer Experience e User Experience pela Escola Superior de Propaganda e Marketing (ESPM). Professor convidado de Marketing Digital da Universidade Paulista de Pós-Graduação, turmas BIOMEC 2019, 2020 e 2021, para médicos, fisioterapeutas e preparadores físicos.

Autor do livro *Marketing Digital para Celebridades, Influenciadores e Personalidades Públicas*, publicado em 2020. Escritor de seis artigos sobre Marketing Digital e publicados nos portais da *Veja, Superinteressante, IG, UOL, Mundo de Marketing, Terra, Brazilian Times* e *Economia S/A*.

Começou a trabalhar, desde jovem, com vendas nas redes sociais, com o Orkut, e, devido ao sucesso obtido, tornou-se empresário e consultor no mercado de Personalidades Públicas, Celebridades, Entretenimento, Saúde, Comércio e Varejo.

Criou a sua primeira empresa de Marketing e Eventos, é sócio em uma clínica médica e começou a sua carreira como consultor de Marketing Digital e Produções por cinco anos, no Playcenter, até o parque, infelizmente, encerrar suas atividades, em 2012. Depois disso, especializou-se em consultoria de marketing digital e na área de gestão hospitalar, atendendo clínicas, hospitais, laboratórios e profissionais, como médicos, dentistas, nutricionistas, preparadores físicos e fisioterapeutas.

Atualmente, responsável pelo marketing da Premium Group, gerencia dezesseis clínicas, quatro laboratórios e uma policlínica nos estados São Paulo, Brasília e Rio de Janeiro.

Sobre a Coautora

Andressa Honorato Myrela

Publicitária

@andressa_myrela

Nascida na cidade de São Bernardo do Campo, formou-se em Publicidade e Propaganda pela Pontifícia Universidade Católica de São Paulo (PUC-SP). É técnica em Comunicação Visual e trabalha como coordenadora de Publicidade e Propaganda no Premium Group.

Iniciou a sua carreira aos 16 anos como ilustradora, ao entrar na faculdade, seguiu para o mercado de criação.

Trabalhou como designer na PUC-SP, By Kamy e Quintal do Espeto.

Participou do projeto "A potência contra-hegemônica da comunicação comunitária: caso da web rádio Palafita, dique da Vila Gilda, Santos – SP", coordenado pela professora Maria Conceição da Costa Golobovante, Doutora em Comunicação Social pela PUC-SP. O projeto rendeu a criação da Palafita Web Rádio e o livro *Graduação É Lugar de Pesquisa Sim*. O projeto ganhou incentivo de bolsa científica pelo Conselho Nacional de Desenvolvimento Científico e Tecnológico (CNPq) e PIPEG (2017-2018), e duas menções honrosas pelo Congresso de Iniciação Científica da PUC-SP (2018).

Sobre os Colaboradores

Amanda Rodrigues

@r_amanda

Nascida em 1994, em Osasco, na grande São Paulo, sócia da agência de Marketing Digital "PMO", formou-se em Publicidade e Propaganda na Universidade Anhanguera em 2018. Trabalhou como gestora de mídias sociais da atriz e influenciadora Larissa Manoela por quatro anos.

Tem experiência com consultoria em marketing na área da saúde, nas empresas Clínica Pinotti, Clínica Centra Life, Clínica dermatológica Raquel Machado e a Clínica Priscilla Pocallet.

Felipe Kirsanoff

@felipekirsa

Começou a trabalhar no suporte do Facebook, prestando suporte bilíngue para pessoas leigas que começaram a anunciar recentemente no Facebook e Instagram e foi ganhando experiência e atendendo grandes empresas, onde iniciou sua carreira no Marketing Digital, no qual ganhou vasto conhecimento na área, ajudando com melhorias de resultados, aumento de lucro, captação de leads, montar catálogo de produtos, integrações de e-commerce e CRM, verificação de páginas, perfis e resolução de diversos problemas na interface do usuário.

Atendeu empresas e marcas, que investem milhões em anúncios, como Americanas, Magazine Luiza, Grupo Coca-Cola, Volkswagen, Hyundai, Nike, Adidas, dentre outras.

Atualmente, é Coordenador de tráfego e mídias pagas da Premium Group.

Giovanna Montagnini

@gigimontagnini

Giovanna nasceu em 1999, em São Caetano do Sul e possui sede de conhecimento. Em 2020, obteve uma oportunidade de emprego na Premium Group, atendendo e realizando captação de pacientes. E como já era estudante de Publicidade, e entrou no departamento de marketing da empresa, executando pesquisa de pacientes, plano de marketing, gerenciando tarefas, campanhas, eventos e projetos junto com a direção e a presidência.

Isabella Amaral Baroli

linkedin.com/in/isabellabaroli

Formada em Publicidade pela Universidade Presbiteriana Mackenzie. Morou na França. Fluência em inglês e francês. Trabalhou como voluntária com refugiados de guerra na França. Trabalhou na multinacional de Comunicação Digital Zoomin.tv, e, há dois anos, trabalha no Twitter Brasil e atualmente ocupa o cargo de gerente de marketing.

M.Sc Rafael Monteiro Videira

linkedin.com/in/rafael-videira-mba-grc

Executivo da área de Governança, Administrador Hospitalar, Diretor do Hospital Casa de Saúde do Guarujá e CFO da One Rad Medicina Diagnóstica, atuou em grandes empresas de consultoria (Big Four) e multinacionais.

Bacharel em Contabilidade pela Universidade Presbiteriana Mackenzie, MBA pela Fundação Getulio Vargas (FGV) em Gestão de Clínicas e Hospitais, pós-graduado em Governança Corporativa pela Risk University-KPMG e Extensão em Contabilidade, Controladoria e Finanças (CEFIN) pela Faculdade FIPECAFI. Fundador da consultoria empresarial Fink GRC, especializada em Governança Corporativa, ESG, Planejamento Estratégico e Análise de Riscos de Mercado.

Dedicatórias

A vida é feita de portas, umas se abrem e outras se fecham, vai de cada um entrar nas portas certas e saber aproveitar cada oportunidade. Na minha vida, muitas portas se abriram e encontrei pessoas incríveis.

Agradeço ao Marcelo Benez e ao Antonio Manuel, pelas oportunidades e confiança à frente da *Folha de S.Paulo*.

Agradeço à Adriana Maria André, pelo apoio e incentivo como acadêmico na pós-graduação e MBA da Fundação Getulio Vargas (FGV) e autoria na 1ª e na 2ª edição do livro *Gestão Estratégica de Clínicas e Hospitais e Indústrias da Saúde*.

Agradeço ao amigo Roberto Ferreres, pela confiança e convite para participar deste projeto incrível.

E agradeço à família, minha esposa, Adriana Baroli, e aos meus filhos, Hiram e Isabella, que tantos momentos encantados me proporcionaram.

Prof. Me. Hiram Baroli

Dedico esta obra à minha família, aos meus avós, aos meus pais, João e Lizeth, aos meus irmãos, Guilherme, Luciana e Fernanda, à minha esposa, Gláucia, à minha filha, Helena, e aos meus alunos e mestres, referências de relações humanas. Relações humanas que são a força motriz da evolução da humanidade. Sejam relações positivas e acolhedoras. ou não, que dependem da comunicação eficaz e autêntica, objetivos deste livro.

Prof. Dr. Leonardo Oliveira Reis

Dedico este trabalho à minha mãe, Nair Donnarummo, uma grande professora, apaixonada pela arte de ensinar, à minha irmã Bruna Ferreres, que hoje está na Irlanda, exemplo de esforço acadêmico e de mulher, ao meu pai, Roberto Gil, que sempre lutou e trabalhou para que eu tivesse comida em casa e chegasse à universidade, aos meus avós, Sandalio Gil e Magdalena Ferreres, que sempre se fizeram presentes e cuidaram de mim. Ao meu irmão, Flávio, por me puxar a orelha e estar comigo nos momentos em que mais precisei e a toda a minha família que me orgulho muito.

Aos mestres e professores, que me ensinaram eticamente e com amor a ser um verdadeiro profissional.

Agradeço aos meus amigos, parceiros profissionais e clientes por seguirem me proporcionando, na prática, uma vivência de transformação e *updates* diários sobre temas de marketing para saúde, que constantemente requerem minha atualização, em especial, Roberto Rodrigues, Ian Freitas, Carolina Pittas, Thiago Dias e Fernando Salvador.

Dedico aos meus queridos amigos e professores da Fundação Getulio Vargas (FGV), à inesquecível turma T9, de Gestão de Clínicas e Hospitais, em especial, à Adriana Maria André, minha grande referência de marketing em saúde, ao professor e mestre Hiram Baroli, com o qual tive a honra de escrever e eternizar esta obra.

Às futuras gerações e a todos que buscam conhecimento contínuo e evolução em marketing para saúde. Dedico especialmente este livro aos meus alunos e professores da pós-graduação da Universidade Paulista (UNIP), com os quais compartilhamos experiências na construção de conhecimentos, em especial, o Coordenador e Mestre Fábio Rodrigues José e o Professor Dr. Alexandre Marchini.

Agradeço muito aos autores e colaboradores deste livro, que escreveram e se dedicaram com muito amor, à publicitária e grande designer Andressa Honorato Myrela, ao médico Dr. Leonardo Oliveira Reis, à publicitária Amanda Rodrigues, ao administrador Rafael Monteiro Videira e aos pesquisadores e estudantes Giovanna Montagnini e Felipe Kirsanoff.

Prof. Roberto Ferreres

Prefácio

"Marketing médico" — infinitas oportunidades e a necessidade de educação

Tecnologia e comunicação

O uso de tecnologias, baseadas na internet, para comunicar-se de maneira interativa tem transformado a vida na Terra e a prática médica não está isenta dessa interferência. A informação passiva em linha tem sido cada vez mais substituída por recursos interativos, nos quais os usuários empregam plataformas para comunicar, compartilhar e obter informações ativamente, em escala global.

Plataformas de mídia social permitem que os usuários distribuam informações para uma comunidade *on-line*. Essa tecnologia é onipresente na sociedade atual e é usada para conectar, educar e comunicar, originando significativo impulso com a pandemia da Covid-19.

A difusão da informação nas redes sociais e a velocidade na qual dados podem ser trocados entre pessoas (independentemente de sua qualidade ou veracidade) é um fenômeno contemporâneo, que tem atraído crescente interesse. Quanto maior a autenticidade e credibilidade da informação, menor a resistência à sua propagação.[1]

Segundo a American Marketing Association (AMA), essa é a atividade ou o conjunto de processos para criar, comunicar, entregar e trocar valor com clientes, parceiros e com a sociedade em geral.[2] Estratégias de marketing envolvem diversos métodos de comunicação, incluindo o meio digital, no qual a mídia social pode ser integrada com sucesso.

A mídia social é definida como o conjunto de tecnologias móveis baseadas na *web*, com a finalidade de comunicação interativa na forma de diálogo. A rede social, por outro lado, descreve o ambiente *on-line*, estrutura social que conecta as pessoas por meio de um interesse comum. As redes têm diferentes culturas, com regras e características amplamente variadas. Compreender as qualidades distintas das redes mais populares pode ajudar na construção de um público-alvo, com potencial ilimitado para desenvolvimento profissional contínuo, educação e interação com pacientes e sociedades médicas.

A otimização de pesquisas na *web* tornou-se um mercado bilionário, no qual inúmeras empresas apresentam serviços para melhorar as suas classificações, oferecendo aparições em primeira página de busca devido à sua capacidade de direcionar o tráfego na internet e, portanto, atingir o consumidor. Um jogo em que a verdade e a qualificação perdem o seu valor. É, portanto, de extrema importância entender os fatores que são fundamentais para melhorar a classificação do mecanismo de pesquisa.

Embora existam ferramentas para distinguir *bots* (robôs criados com o intuito de replicar informações de contas de usuários regulares), os consumidores, em particular, têm pouca ou nenhuma experiência com essas ferramentas. Além disso, eles podem não ter experiência com algumas formas de publicidade no espaço de mídia social, dificultando a distinção entre anúncios pagos e conteúdo orgânico independente gerado pelo usuário.

A mídia social apresenta uma oportunidade de compartilhar informações precisas e revisadas por pares e tem um papel crescente na educação pública em geral. Ela é cada vez mais poderosa e difundida, e está aqui não apenas para ficar, mas também para desenvolver um papel de domínio nas ações de saúde atuais e futuras. Ela se tornou uma oportunidade para compartilhar conteúdo educacional de qualidade, contrariando promoções potencialmente tendenciosas e a desinformação, em uma época em que os pacientes cada vez mais buscam, na internet, conhecimentos sobre saúde.

A evolução do processo de difusão de informações em um espaço virtual gratuito e livre de controle propicia algo chamado "infodemia", termo criado a partir da mistura de informação e epidemia, em 2003, pelo jornalista e cientista político David Rothkopf, em uma coluna do jornal *Washington Post* e que, normalmente, se refere a uma disseminação rápida e abrangente de informações precisas e imprecisas sobre algo, semelhante à transmissão (contágio) de doenças infecciosas ou efeito viral.[3]

Segundo a Organização Mundial de Saúde (OMS), a gestão da "infodemia" visa possibilitar boas práticas de saúde por meio de quatro tipos de atividades: identificar as preocupações e dúvidas da comunidade; promover a compreensão do risco e aconselhamento especializado em saúde; construir resiliência à desinformação; envolver e capacitar as comunidades para ações positivas.[4]

Há, no entanto, uma lacuna entre o que está sendo compartilhado e a probabilidade de o público-alvo entendê-lo. Comunicação pode gerar expectativas, o que pode resultar em alta satisfação ou grande decepção, com potenciais efeitos extremamente negativos.

Pacientes

As plataformas de mídia social, como *websites*, são ferramentas poderosas que permitem a comunicação com os pacientes e o público. As postagens nas redes sociais são públicas e permanentes. O conteúdo deve ser verdadeiro, respeitoso e profissional. A privacidade do paciente deve ser protegida em todos os momentos.

A grande maioria dos pacientes usa a internet para coletar informações antes de uma consulta médica, sendo, habitualmente, o primeiro método de pesquisa, que influencia fortemente na escolha de um atendimento específico. Contudo, as informações encontradas nas redes sociais podem levar a expectativas irreais considerando a elevada quantidade de conteúdo de baixa qualidade.

Ademais, as plataformas digitais podem ser pagas ou patrocinadas para "turbinar" conteúdos e promover marcas médicas, e os seguidores podem ser comprados da mesma maneira que o marketing viral para as principais páginas em proeminência. Treinamento, capacidade e credenciais não são requisitos para anunciar. Assim, o aumento da visibilidade e do número de seguidores não reflete a experiência, habilidade ou dedicação à educação e formação médica, tornando obsoleta e enviesada a métrica utilizada para orientar a classificação e tendências em que potenciais pacientes baseiam as suas decisões.

Transmissões de procedimentos cirúrgicos podem ser vistas mais como entretenimento, do que de fato, como educacional, e podem constituir graves violações potenciais da confidencialidade do paciente, que não são isentas de consequências graves. Pouco se sabe, também, sobre como o público se posiciona em debates éticos com relação à postagem de anúncios exagerados de habilidades, credenciais e eventual acesso a tecnologias de valor agregado duvidoso. É tarefa difícil, senão impossível, monitorar plataformas de mídia social no que tange às irregularidades cometidas.[5]

Falta de regulamentação, de supervisão, de escalas de classificação e de protocolos de autenticação pode aumentar a vulnerabilidade da mídia social à sua exploração irresponsável. Em última análise, o público espera do profissional uma postura ética, com condutas que se abstenham de mensagens egoístas e de ganho com relação às qualidades da prática e dos serviços oferecidos. Muitos questionam a ética das práticas de mídia social médica; contudo, não há uma definição clara na literatura sobre o que constitui conduta profissional e ética, e identificar conteúdo impróprio de mídia social não é tarefa simples.

> *"Não é ético limitar o conhecimento humano, mas cabe disciplinar o seu uso."*
> **Genival Veloso de França**

Considerando que, cada vez mais, os pacientes em potencial buscam informações relacionadas à saúde e procuram seus médicos utilizando a internet, em detrimento da ênfase na importância da educação, treinamento e certificação. A mídia social vem ganhando força, progressivamente, para direcionar o tráfego *on-line*, e, portanto, o fluxo de pacientes. O modelo tradicional de propaganda boca a boca para a construção de uma prática que está sendo suplantado, pelo novo paradigma da mídia social.

Médicos

Os limites éticos podem ser facilmente transpassados quando informações são trocadas entre médico e potencial paciente, ou quando fotos e vídeos são publicados. A ética tradicionalmente consiste em quatro princípios: respeito pela autonomia do paciente, beneficência, não maleficência e justiça. Eles servem como ponto de partida para o médico que age com profissionalismo.

Assim como na aviação, a qualidade da comunicação médica pode determinar a vida ou a morte, ou mesmo, o comprometimento da qualidade de vida. A aviação, por motivos óbvios, desenvolveu mecanismos eficientes de comunicação, que são aplicados e melhorados também no contexto médico, essencialmente, nas salas cirúrgicas.

As responsabilidades do ofício contemplam a revisão prévia à assinatura de qualquer material, especialmente, quando analisamos a questão sob a perspectiva dos Código de Ética de cada profissão, abertos a interpretação subjetiva e cujos princípios podem ser perdidos quando vistos pela óptica de não médicos.

A ética pode mudar com o tempo e as qualidades que definem uma profissão vão além de diretrizes que previnem problemas. Nossas sociedades devem manter padrões, enquanto os ajusta para atender às mudanças de normas.[6]

A atuação médica inclui adesão a elevados padrões éticos e morais, compromisso com a excelência, e valores humanísticos, que incluem honestidade, integridade, cuidado, compaixão, altruísmo, empatia, confiabilidade e respeito pelos outros.

Entretanto, os pacientes não escolhem mais o seu médico de acordo com a qualidade da formação da carreira do profissional, mas, sim, com base no número de seguidores e *likes* das postagens nas redes sociais. Esse fato lança luz sobre o mundo em que vivemos, e nós, médicos, não estamos necessariamente liderando as conversas *on-line* sobre o nosso próprio campo.[7,8]

É preciso contribuir para esse espaço, que pode e tem sido usado, até mesmo por médicos, de uma maneira não profissional, para sobrepujar o mar de desinformação com conhecimento autêntico.

Treinamento médico na área ética e profissional no uso de mídia social deve, portanto, ser um componente da educação na graduação, residência médica e atualização profissional para evitar esses lapsos e promover uma melhor compreensão para nossos pacientes, atuais e futuros.

Mesmo quando anúncios pagos são excluídos, o maior preditor de colocação de médicos na primeira página foi o número total de seguidores nas redes sociais; enquanto as métricas tradicionais de competência médica, como tempo e qualidade de treinamento, embora diretamente relacionadas à excelência, não foram preditores significativos. Podemos, também, teorizar que responsáveis por contas ativas nas redes sociais também podem ser mais propensos a contratar consultores pagos, cujo único trabalho é levar o site à primeira página do Google.[9]

O objetivo principal da profissão médica é prestar serviços à humanidade, com total respeito pela dignidade humana. Portanto, na prática médica, o papel principal da mídia social é fornecer informações. Além dos modos tradicionais de avaliação do êxito de um médico, como a indicação boca a boca e os méritos acadêmicos, a mídia social tem se tornado o parâmetro pelo qual o sucesso profissional, a influência pública e o potencial de um cirurgião são medidos em contexto amplo: número de seguidores, *views* e *likes*.

Ainda que entendida como fundamental na prática médica, seja entre membros de equipe multidisciplinar, entre os pares ou no contexto médico-paciente, a comunicação é ainda negligenciada nos currículos em saúde.

As informações médicas nas redes sociais devem vir de fontes confiáveis. Dada a escassa regulamentação nessas arenas, informações médicas de fontes não qualificadas podem resultar em decisões equivocadas ou tratamento desnecessário.

Como consequência, poucos sabem como aproveitar, efetivamente, as vantagens dessas ferramentas de comunicação em expansão, sendo as gerações mais recentes de médicos na prática privada, mais propensos a utilizar a mídia social. Navegar no cenário acadêmico da nova mídia requer princípios com base em evidências, pensamento crítico e aprendizagem sobre as tendências digitais em rápida transformação.

Tarda a estruturação de disciplinas formais no currículo das escolas médicas, que dependerá da interação multiprofissional envolvendo educadores médicos, assim como catedráticos da área de comunicação, visando o aperfeiçoamento da comunicação médica ética e eficiente, o que demandará também material didático de referência e suporte, especialmente adequado ao contexto médico, necessitado na literatura contemporânea.

Tão importante quanto a capacitação em comunicação, está o conhecimento dos limites éticos. Médicos exercendo a difusão de informações como parte de sua prática, seja presencial ou pela *web*, devem conhecer e cumprir as leis que regem a privacidade do paciente, sob pena de graves punições. Ainda mais importante é a manutenção de comportamento e práticas éticas e profissionais adequadas nessa comunicação.

O uso de mídia social em medicina vem crescendo exponencialmente, e é preocupante que parte significativa desse crescimento se refere à banalização dessa importante ferramenta de comunicação, com consequente comprometimento da qualidade e veracidade de informações veiculadas, figurando como desserviço à sociedade. É alarmante também notar que significativo volume do conteúdo das redes sociais seja produzido por pacientes ou por provedores com menos treinamento e especialização, ou sem formação médica.

A comunicação médica é um domínio com potenciais armadilhas profissionais. Existe uma linha tênue, entre informações inocentes e enganosas, transmitindo certos pontos de vista pessoais controversos, que carecem de base científica, criando uma zona nebulosa de conforto.

Há uma percepção romântica de que os médicos já foram totalmente dedicados aos seus pacientes e imunes ao consumismo e ganância, "era de ouro da medicina", até que forças econômicas conspiraram para transformar pacientes em consumidores e médicos em empresários capitalistas.

A maioria de nós, médicos, ainda jura o antigo juramento de Hipócrates e abraça códigos éticos que priorizam o bem-estar do paciente sobre o ganho pessoal financeiro. Embora, não suficientes, as ideias de caridade e da ética médica forneceram alguma resistência ao consumismo.

Enquanto a bioética forneceu uma resposta racional ao paternalismo característico da ética médica mais tradicional, a partir do final do século 20, o princípio da "autonomia do paciente" isentou os médicos de refletir sobre a dinâmica de poder que sustenta, tanto as opções que oferecem aos pacientes, quanto os desejos dos próprios pacientes.

Com o fim do paternalismo médico e na era da decisão compartilhada, comunicar nunca foi tão importante, especialmente quando se trata de múltiplas possibilidades e incertezas, que ainda dominam o cotidiano humano e médico. Comunicação eficiente e linguagem adequada são essenciais à plena autonomia do paciente, considerando os seus valores e preferências para "decisões informadas". Se não for importante para o paciente, não há de ser clinicamente relevante.

A relação médico-paciente não deve ser confundida com a relação fornecedor-consumidor, que é transacional e não relacional como a primeira. Pessoas que compram e vendem não têm interesse pessoal um no outro, além da transação. Nem um pouco transacional, o relacionamento médico é intensamente pessoal, exigindo confiança e continuidade. O sucesso médico é inseparável dos objetivos de seus pacientes.

Em teoria, a mídia social poderia oferecer aos pacientes mais acesso aos seus médicos do que eles poderiam ter de outra maneira. Por outro lado, esse diálogo púbico não substitui um relacionamento que é íntimo, estimulante e focado no paciente.

A prática ética da medicina exige uma forte relação entre o paciente e o médico. Educadores médicos podem aproveitar a tecnologia para esse fim, mas o elemento mais importante é proteger as preocupações e interesses dos doentes e vulneráveis sem explorá-los para o lucro.

Se a dualidade da natureza da medicina como profissão e negócio tem causado preocupação, os educadores médicos devem estar ainda mais vigilantes hoje e estudantes de medicina envolvidos em redes sociais devem fazer parte dessa vigília. Eles devem usar sua influência para o bem, atentando para os potenciais conflitos entre medicina e consumismo, destacando para um público mais amplo a natureza única da relação médico-paciente. Aqueles de nós envolvidos em educação médica deve dar-lhes o incentivo, as salvaguardas e as ferramentas necessárias.

Estudantes de medicina recebem limitada instrução visando reconciliar suas obrigações profissionais, com um desejo de gerar renda, um conflito entre aqueles que curam e aqueles que ganham dinheiro. Há muito tempo conhecidos por seu trabalho árduo e competitividade, mais recentemente, eles têm sido cada vez mais reconhecidos por sua presença nas redes sociais como influenciadores.

A reflexão é ampla e a omissão dos bem-intencionados pode ser mais preocupante que a própria existência de maus exemplos. O esmero na formação médica é a melhor arma contra a inversão de valores e a sedução de tornar-se um artista mais preocupado com sua imagem de estrela nas redes sociais do que no cuidado ao paciente. Os pacientes não conseguem mais perceber as diferenças entre um médico bem treinado e uma figura pública/influenciador digital, entre um educador e um animador/apresentador.[10]

Nossa responsabilidade transcende o treinamento formal no uso adequado e ético da mídia social como parte dos currículos médicos, além de cursos continuados *on-line* ou em conferências nacionais e internacionais. Há de se educar a população para os limites da realidade e riscos de inverdades que tendem a ser sedutoras, evitando que uma postagem 100% ética e 100% profissional, seja 100% ignorada.

As redes sociais têm o potencial de transformar a medicina. O desafio é enorme e é dever de todos ocupar esse espaço com responsabilidade.

A sociedade tem se adequado à evolução, no Brasil, a Lei Geral de Proteção de Dados (LGPD, nº 13709/2018) prevê punições de acordo com a gravidade do descumprimento, a partir de 2021, e tem como princípios fundamentais o respeito à privacidade e a inviolabilidade dos direitos humanos.

Este livro visa promover a comunicação ética e eficiente no meio médico, contemplando os diversos contextos virtuais e presenciais, desde as gerações mais remotas e confortáveis com a comunicação boca a boca às gerações afeitas à constante evolução da nova mídia, em plataformas de interação, valorizando os princípios da ética e confidencialidade do paciente.

Referências Bibliográficas

1. Pantano E. When a luxury brand bursts: Modelling the social media viral effects of negative stereotypes adoption leading to brand hate. J Bus Res. 2021 Feb;123:117-125.
2. American Marketing Association (AMA), acesso 08/09/2021: https://www.ama.org/the-definition-of-marketing-what-is-marketing/.
3. Merrian-Webster, acesso 08/09/2021: https://www.merriam-webster.com/words-at-play/words-were-watching-infodemic-meaning.
4. World Health Organization (WHO), acesso 08/09/2021: https://www.who.int/health-topics/infodemic#tab=tab_1.
5. D'Assunção FLC, Kalenderian E, Carneiro DC, Verçosa MVF, Dos Santos JP, Yansane AI, Dos Santos Cunha D'Assunção VC, Felinto AR. Presence of Management, Entrepreneurship, Leadership and Marketing Topics in the Dental School Curriculum in Brazil. Eur J Dent Educ. 2021 Sep 7. doi: 10.1111/eje.12714. Epub ahead of print. PMID: 34490698.
6. Preminger BA, Hansen J, Reid CM, Gosman AA. The divergence of ethics and professionalism in the social media arena. Plast Reconstr Surg. 2018;141:1071–1072.
7. Dorfman RG, Mahmoud E, Ren A, et al. Google ranking of plastic surgeons values social media presence over academic pedigree and experience. Aesthet Surg J. 2019;39:447–451.
8. Fan KL, Graziano F, Economides JM, Black CK, Song DH. The public's preferences on plastic surgery social media engagement and professionalism: Demystifying the impact of demographics. Plast Reconstr Surg. 2019;143:619–630.
9. Dorfman RG, Mahmood E, Ren A, Turin SY, Vaca EE, Fine NA, Schierle CF. Google Ranking of Plastic Surgeons Values Social Media Presence Over Academic Pedigree and Experience. Aesthet Surg J. 2019 Mar 14;39(4):447-451.
10. Furnas H (2018) Discussion: The ethical and professional use of social media in surgery: a systematic review of the literature. Plast Reconstr Surg 142:399e.

Proposta Didática e Profissional

O autor, Hiram Baroli, convida o leitor a fazer uma imersão no conteúdo do livro e passar brevemente por todos os temas contidos nesta publicação.

Sumário

PARTE 1 — Entendendo o Marketing, 1

1. Bem-vindo ao departamento de marketing, 3

Organograma de agência de marketing digital, 6

2. Conceitos e fundamentos de marketing, 15

Miopia de marketing, 16
Composto de marketing, 17
Composto de marketing — os 4Ps aplicados à saúde, 18
Produtos, serviços, experiências e conteúdos, 19
Promoção, 19
Políticas de composto promocional, 21
Praça, 21
Preço, 23
Proposta de valor em saúde × preço, 25
Proposta de valor do hospital × avaliação do paciente, 28
Os "Ps" de serviços de saúde, 29
A qualidade do serviço de saúde é primordial, 29
O momento da verdade, 31

3. Marketing 4.0 e 5.0, 33

O que é marketing 4.0?, 34
5 As, 35
Marketing 5.0, 36
Transformação digital, 37
Blockchain, 37
Internet das coisas (IoT), 37
Realidades alternativas, 37

Inteligência artificial, 37
Streaming, 38
Reconhecimento facial e de voz, 38
Geolocalização, 38
Big data, 38
Os 5 pilares do marketing 5.0, 39
Marketing com base em dados, 39
Marketing preditivo, 40
Marketing contextual, 40
Marketing aumentado, 41
Marketing ágil, 41
Métrica norte, 43

4. Marketing na área da saúde e legislação, 45

Lei Geral de Proteção de Dados (LGPD), 47
Conselho Nacional de Autorregulamentação Publicitária (CONAR) – Anexo G, 49
Comissão de Divulgação de Assuntos Médicos (CODAME), 49

PARTE 2 — Construção de Marketing Pessoal e Empresarial, 53

5. Identidade visual digital, 55

Alguns pontos importantes para o marketing pessoal do médico, 55
Identidade visual digital do consultório, clínica ou hospital, 56
Marca, 56
Branding, 57
Criação de logotipo, 57
Tabela de cor, 58
Símbolo, 61
Tipografia, 63
Formatos digitais, 63
Fotos e vídeos, 68
Criando seu site ou blog, 72
O perfil e o feed perfeito, 78
O conteúdo é o rei, 79

PARTE 3 — Sucesso nas Plataformas Digitais, 83

6. Presença digital e engajamento digital, 85

Mapa dos pilares da presença digital com natureza das mídias, 86

Diagnóstico da presença digital da marca, 87
Engajamento digital, 88
A lógica dos anúncios patrocinados, 90
Google Ads, 91
Anúncios no Google e YouTube, 93
Palavras-chave, 96
Valor de investimento na campanha, 98
YouTube, 104
Facebook Ads, 112
Instagram, 119
WhatsApp, 126
Twitter, 130
TikTok, 134
Reclame Aqui, 139

PARTE 4 — Telemedicina, 143

7. Telemedicina, 145

Teleconsulta, 146
Telediagnóstico, 146
Telemonitoramento, 147

PARTE 5 — Estratégias de Marketing, Vendas e Fidelização, 151

8. Planejamento de marketing, 153

Plano de marketing empresarial, 154
Inbound *marketing e CRM, 156*
Funil de vendas, CRM e persona, 158
Ambiente de marketing com análise SWOT, 163
Business Model Canvas, *164*
Indicadores financeiros de sucesso, 167
NPS (Net Promoter Score)*, 170*
Conceito e metodologia, 173

Bibliografia sugerida, 177

Glossário de termos técnicos, 179

Índice remissivo, 187

PARTE 1
Entendendo o Marketing

1

Bem-vindo ao departamento de marketing

Começamos o livro com um convite à imersão na leitura de um organograma de um departamento de marketing, para que o profissional de saúde tenha maior visão das tarefas e competências que os profissionais de marketing precisam realizar na rotina de trabalho. Ensinando como funcionam os cargos, competências e tarefas do setor, para proporcionar um maior aprendizado.

Os profissionais de saúde, em sua formação acadêmica, são treinados para dar assistência à saúde e cuidados para os pacientes e não tem uma ideia clara do que seja uma gestão de demandas do setor marketing, dentro do seu negócio, acreditam, em sua maioria, que um único profissional de marketing irá conseguir atender suas principais demandas de marketing, como por exemplo, captação de novos pacientes, criação e atualização de site, gerenciar o Instagram, fazer vídeos, postagens, criação de logotipos, enviar e-mail marketing, fazer a gestão do CRM e ferramentas, criação de aplicativo, dentre outras tarefas, e isso é impossível, é necessário uma equipe multidisciplinar para alcançar um resultado de excelência nos canais digitais.

Com os avanços tecnológicos e aumento de consumo de novos canais digitais, o mercado vem criando cargos especializados para atender essas novas necessidades do mercado.

O gestor responsável pelo marketing da instituição ou profissional de saúde precisa ser responsável por diversas competências e atribuições para alcançar o sucesso.

As principais competências que os profissionais de marketing precisam ter:

- Visão estratégica.
- Conhecimento digital.
- Planejamento e orçamento.
- Gestão e entrega de projetos.
- Interpretação de dados e *analytics*.
- Entender de inovação e estar sempre atualizado com novas tecnologias.

- Sensibilidade comercial e senso de oportunidade.
- Liderança de equipes, gerenciamentos de múltiplas tarefas e projetos.
- Análise de mercado e concorrentes.
- Relações públicas.
- Pesquisas de satisfação como o NPS[1] e qualidade.
- Resiliência para gestão de crises.

Gerenciar as ações de marketing da organização de saúde, com objetivo de implementar o planejamento estratégico traçado.

Agregar valor à marca e atingir resultados e metas corporativas, sejam elas financeiras ou de fortalecimento de imagem. As funções do gestor de marketing na área de saúde:

- Gerenciar a implementação de novos serviços.
- Planejar, desenvolver e monitorar a identidade visual da marca.
- Supervisionar a elaboração de campanhas publicitárias seguindo as normas dos conselhos éticos de cada especialidade da área da saúde.
- Supervisionar a estratégia do endomarketing.
- Supervisionar outras atividades sociais ou promocionais.
- Planejar e implementar estratégias de marketing digital e ações relacionadas às mídias sociais e site corporativo.
- Gerenciar a rede de pesquisas, avaliação e a página do Google.
- Acompanhar e analisar os indicadores de desempenho com foco nas ações do planejamento estratégico.
- Gestão e controle de canais.
- Gestão de custos.
- Gestão das informações dos pacientes seguindo a LGPD.
- Mensuração de resultados.
- Criação do plano de marketing.
- Gestão dos colaboradores de marketing ou agências.
- Supervisão e aprovação de toda comunicação de marketing da instituição ou profissional de saúde.

---

1 NPS (Net Promoter Score) é um método de pesquisa de satisfação que identifica o nível de fidelidade dos consumidores à empresa.

A seguir, temos um organograma, de um departamento de marketing de grande porte, para explicar a maioria dos cargos e os profissionais de marketing que atuam nessa estrutura.

Dependendo do tamanho da organização de saúde, um médico ou gestor não tem tempo e qualificação para cuidar de todas as etapas do marketing e terá que montar uma estrutura de marketing própria, para acompanhar mais de perto os resultados e/ou contratar uma agência de marketing externa.

Essa é uma decisão estratégica de montar um departamento de marketing interno ou a contratação de uma agência externa ou, até mesmo, um modelo híbrido, que possui um departamento interno mais agência que dão apoio ao departamento, essa é uma decisão que deve ser tomada pelos sócios ou direção da empresa, que leva em consideração o tamanho da demanda, questão de custos, velocidade de atendimento, qualificação técnica, resultados, inovação, tecnologia, qualidade e resultados.

Neste livro, acreditamos que conhecendo as tarefas que cada profissional de marketing realiza, o leitor terá maior entendimento das demandas que o setor marketing atende.

É muito importante ressaltar que nesse mercado de marketing digital, existem profissionais desqualificados e sem formação técnica, recrute e faça contratos sempre com profissionais e empresas com experiência no mercado de saúde e diplomados em universidades reconhecidas pelo MEC.

Caro leitor, lendo este capítulo, você irá identificar qual é o profissional certo para suas demandas específicas ou quais profissionais você precisará contratar para ter uma equipe de marketing de excelência em sua instituição, alinhado à sua estratégia. Não pense que o marketing atende uma demanda específica, ele faz parte da engrenagem da sua empresa, com a mesma importância que a contabilidade, financeiro e recursos humanos.

O autor, Roberto Ferreres, explica brevemente o funcionamento do departamento de marketing e a função de cada profissional. Fala ainda sobre o processo, desde o *briefing* até a execução e dá exemplo de um processo para publicação no Instagram e Facebook.

Organograma de agência de marketing digital

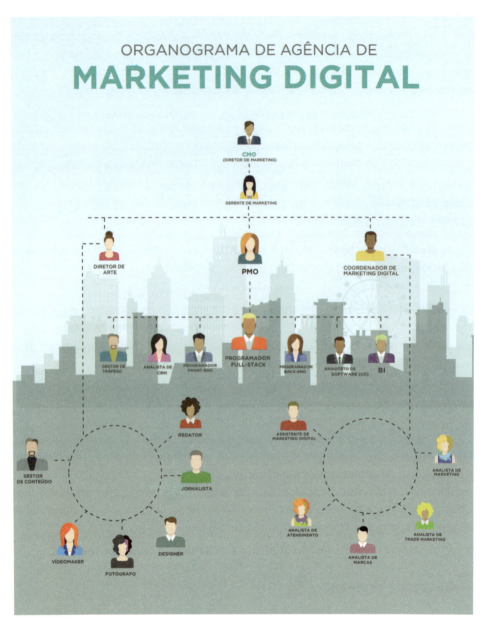

Figura 1.1. *Organograma de agência de marketing digital. Fonte: Elaborado pelos autores.*

CMO – diretor de marketing

Formação profissional

Graduação em Comunicação Social, Publicidade, Marketing, Administração de Empresas, Economia. A maioria tem pós-graduação, MBA e grande experiência no mercado.

O CMO ou diretor de marketing é o responsável pelo planejamento, estratégia e direção dos programas mercadológicos da empresa. É ele quem comanda o departamento de marketing, criando o planejamento financeiro do setor, controlando o orçamento e desenvolvendo a execução dos projetos. Ele também dirige e escala o investimento em campanhas, sempre visando melhorar a performance, vendas, lucratividade, rentabilidade e o valor da marca. Outra função desse cargo é estruturar equipes que atuam nos projetos dos clientes. Define o orçamento anual para alcançar as metas da presidência e acompanha a entrada de receita dos produtos e serviços ofertados.

Gerente de marketing

Formação profissional

Graduação em Comunicação Social, Publicidade ou Marketing. Para esse cargo o mercado também exige pós-graduação e experiência.

Desenvolve estratégias de marketing e identidade visual das marcas, com o intuito de promover a imagem e alavancar os negócios. Define o posicionamento das marcas e de canais de comunicação específicos para cada público. Analisa as tendências do mercado, pesquisas fatores econômicos, planeja, monitora campanhas voltadas para promoção de produtos e serviços. Dentre suas tarefas estão a criação do plano de marketing alinhado com a estratégia da empresa.

Gerencia os custos e investimento apresentando relatórios mensais.

Gestor de projetos

Formação profissional

Graduação em Comunicação Social, Publicidade ou Marketing. Para esse cargo é necessário especialização em PMBOK (*Project Management Body of Knowledge)* e gestão em projetos.

O gestor de projetos é o profissional que cria, gerencia e acompanha todos os processos e prazos das tarefas do departamento, de ponta a ponta. Ele faz a distribuição e monitoramento das tarefas, para que o departamento melhore e desenvolva a sua performance, otimizando o tempo e a execução dos trabalhos propostos. Sua presença é fundamental no departamento, pois ele evita que ocorram falhas e atrasos nos projetos. Esse cargo atua no escritório de projetos.

Diretor de arte

Formação profissional

Design digital, Comunicação Social, Artes Visuais, Publicidade e Propaganda e Multimeios.

O diretor de arte é o profissional responsável pela criação e concepção artística para projetos audiovisuais. Ele desenvolve o conceito criativo de campanha, monitora a execução e a aprovação das peças publicitárias, também comanda a decupagem de roteiro e *briefings* dos processos audiovisuais com o auxílio do redator.

Coordenador de marketing digital

Formação profissional

Graduação em marketing, Comunicação Social ou Publicidade e Propaganda.

Esse profissional tem, como principal função, liderar e coordenar a equipe de marketing digital, monitorando e distribuindo suas atividades e orientando seus colaboradores nas estratégias, canais e ações. É responsável pela organização e elaboração de relatórios, *briefings* e pela distribuição de tarefas de marketing na equipe. Ele também auxilia a equipe de vendas em atividades como atingir seus objetivos. É responsabilidade dele alcançar as metas de campanhas de mídia digital, captação de *leads*, vendas no *e-commerce*, avaliação em sites de clientes e experiência digital entre os canais.

Videomaker

Formação profissional

Graduação em Rádio e TV, Cinema, Multimeios, Publicidade e Propaganda, Design e Comunicação Visual.

O videomaker é o colaborador responsável por toda a produção de material de áudio e vídeo que possa ser utilizado na campanha. Ele capta, edita e finaliza todos os criativos audiovisuais, sob a supervisão do diretor de arte. Esse profissional sempre trabalha em colaboração direta com o designer e o fotógrafo do departamento, para que haja um padrão visual de identidade e campanha.

Designer

Formação profissional

Graduação em Design, Multimeios, Publicidade e Propaganda e Comunicação Visual.

O designer é o profissional responsável pela execução criativa e conceitual da identidade visual, artística e publicitária das campanhas. Ele cria, edita e finaliza peças, tanto gráficas, quanto digitais, que estão destinadas à comunicação institucional e externa. Sob a orientação da direção de arte, e em colaboração com o redator, o videomaker e o fotógrafo, ele dá vida a todo plano de comunicação, de maneira criativa implícita em diferentes formatos artísticos.

Fotógrafo

Formação profissional

Graduação em Fotografia, Multimeios, Publicidade e Propaganda, Design e Comunicação Visual.

O fotógrafo é o profissional que capta, edita e pós-produz todo ou qualquer material fotográfico registrado em campanhas, projetos ou até mesmo eventos ligados à empresa ou figura pública para a qual ele trabalha. Ele detém o domínio e o conhecimento máximo sobre máquinas, iluminação e lentes, sabendo adaptar cada aparelho para o melhor resultado. Também conhece cenografia de fundo, ampliação e tratamento de imagens digitais. Muitos videomakers e designers costumam ter noções básicas de foto, porém, apenas um profissional com especialização no ramo poderá captar, de maneira minuciosa, toda a capacidade de comunicação visual de uma fotografia, o que pode fazer toda a diferença entre uma campanha básica e uma com potencial para premiações.

Redator

Formação profissional

Bacharelado em Letras e licenciatura em português.

O redator é responsável pela elaboração de títulos, textos e roteiros, transformando um conceito ou ideia pensada em algo mais concreto e legível para o consumidor. É ele quem executa boa parte do discurso linguístico apresentado nas campanhas publicitárias, sempre auxiliando o diretor de arte nos projetos escritos e na elaboração de *briefing*.

Jornalista

Formação profissional

Graduação em Jornalismo.

O jornalista é responsável por apurar, pesquisar e apresentar pautas com informações de interesse público, por meio de notícias, entrevistas, artigos ou reportagens. Diferentemente do que se pensa, o jornalista pode trabalhar em diversos ramos e empresas, podendo exercer o cargo de assessor de imprensa. Dentro do departamento de marketing, ele pode atuar como redator produzindo conteúdo de *branded content* e *inbound* marketing.

Gestor de conteúdo

Formação profissional

Graduação em Comunicação Social, Publicidade ou Marketing.

O gestor de conteúdo é quem supervisiona todas as iniciativas de conteúdo relacionadas ao marketing, sejam internas ou externas, em diversas plataformas e formatos. Especialista em pesquisa de mercado, desenvolvimento de conteúdo e gerenciamento de projetos. Gerencia todo o conteúdo de marketing digital e impresso, redige artigos, matérias e entrevistas profissionais.

Programador *full stack*

Formação profissional

Bacharelado em Ciência da Computação, cursos de Tecnologia da Informação, especialização em UI e UX. É necessário ter experiência de mercado.

O desenvolvedor *full stack* é aquele que pode atuar em qualquer etapa do desenvolvimento de sistemas. Seja no *front-end* ou no *back-end*.

Responsável pelas aprovações de aplicativos nas plataformas Apple e Android.

Programador *front-end*

Formação profissional

Graduação em Sistemas de Informação, Web Design Digital e especialização em UI e UX.

O programador *front-end* é aquele que possui conhecimentos para desenvolver interfaces gráficas para serem exibidas ao usuário. Em outras palavras, tudo o que se pode ver na tela: disposição do texto, botões, campos, dentre outros. Ele é o responsável por construir a parte do software que toca no usuário e por isso precisa estar alinhado com noções de ergonomia, bem como entender como o usuário pensa e se comporta. Está no meio de campo entre o Web Designer e o profissional *back-end*.

Programador *back-end*

Formação profissional

Bacharelado em Ciência da Computação, cursos de Tecnologia da informação.

O programador *back-end* é aquele que trabalha por trás dos bastidores. É o profissional responsável pela lógica de instruções que fazem um sistema girar. Ou seja, esse profissional programa, codifica e testa, além de garantir a integridade de todas as informações no banco de dados, até mesmo mantém e cria servidores.

Analista de CRM

Formação profissional

Bacharelado em Marketing com aperfeiçoamento em plataformas de CRM.

O analista de CRM desenvolve estudos de mercado, concorrência, comportamento de clientes e segmentação de públicos, analisa indicadores de performance e métricas de satisfação, a fim de sugerir melhorias nos processos de relacionamento, desenvolver ações de marketing direto, fidelização, sistema de pontos e vantagens, identificar oportunidades de novos negócios. Ele cuida do banco de dados da empresa e garante o cumprimento da LGPD.

Gestor de tráfego

Formação profissional

Bacharelado em Marketing ou Comunicação Social com experiência em plataforma de anúncios pagos, como Facebook Ads e Google Ads.

O gestor de tráfego é o profissional responsável por gerenciar os anúncios da conta de uma empresa, esse trabalho pode ser feito presencialmente ou em *home office*. Basicamente, a empresa fornece ao profissional de sua conta de anúncios, uma verba para que ele possa criar, analisar e otimizar seus anúncios. Esse cargo é responsável pela geração de *leads* e captação de novos clientes e remarketing. É necessário ter controle de gastos, apresentação de relatórios e ter comunicação com o setor comercial para entender a qualidade dos *leads* e se está conseguindo converter em vendas.

Arquiteto de *software*

Formação profissional

Tecnologia da Informação, Ciências da Computação, especialização em *User Experience* (UX) e *Interface Experience* (IX) e especialização em administração e negócios.

De uma maneira simplificada, podemos dizer que um arquiteto de *software* é o responsável por mapear o funcionamento do sistema. É quem identifica possíveis problemas e apresenta soluções efetivas.

O profissional tem como foco garantir a conformidade dos processos, das documentações e guias, direcionando a equipe nas atividades. Por isso, deve-se ter um bom entendimento das múltiplas plataformas e linguagens.

Business Intelligence

Formação profissional

Marketing, Administração e especialização em *Data Science* e plataformas de BI e CRM.

O *Business Intelligence* (BI) ou Inteligência de Negócios, consiste na coleta, armazenamento, tratamento, análise e cruzamento de dados, que são os dados essenciais para a tomada de decisões estratégicas nos quais os alimenta e atualiza nos principais indicadores, apresentando relatórios e dashboards que são painéis atualizados de performance.

Ele proporciona *insights* e descobertas sobre qualquer assunto referente ao negócio, que podem ser aplicáveis no dia a dia, seja em técnicas operacionais, pesquisa de mercado, estudo de público-alvo. Monitora os dados em softwares como Excel, Power BI, Salesforce, HubSpot, RD Station e CRM.

Esse profissional pode cruzar os dados de sistemas de gestão de relacionamento com os clientes (CRM) e com sistema de planejamento de recursos empresariais (ERP). Trazendo uma inteligência de riqueza em informações de dados.

Assistente de marketing digital

Formação profissional

Comunicação Social ou Marketing.

O assistente de marketing digital auxilia o coordenador ou gerente, desenvolvendo relatórios, pesquisas, projetos, acompanhamento do desempenho de vendas e parceiros, presta suporte no contato com agência de propaganda, faz o controle de notas fiscais, apoio em negociações e na execução de campanhas publicitárias digitais.

Analista de atendimento

Formação profissional

Bacharel de Comunicação Social.

O analista de atendimento é aquele profissional que gerencia o relacionamento com o cliente ou responsáveis pela demanda e traduz em formato de *briefing* para a equipe interna da agência. Para isso, ele precisa ser organizado, simpático, bom comunicador, saber lidar com pressões e prazos, ter uma visão sistematizada do processo do negócio.

Analista de marcas

Formação profissional

Bacharelado em Publicidade e Propaganda.

O analista de marcas elabora e controla toda a documentação dos processos de registro de produtos, desenvolvendo petições e relatórios técnicos sobre componentes, indicações, contraindicações, apresentação, dentre outras informações, para montar produtos e criação de novas marcas.

Esse profissional solicita pesquisas com o consumidor para entender a sua percepção sobre a marca, concorrentes, experiência com produtos e serviços, para sugerir melhorias e inovação.

Analista de *trade* marketing

Formação profissional

Formação em Marketing ou Comunicação Social.

Administra investimentos nos canais de *trade* e faz ativações no ponto de venda físico ou virtual, acompanha a execução das ações promocionais junto à equipe de vendas. Identifica oportunidades por meio do estudo e análise do comportamento do *shopper*. Desenvolve estratégias para crescimento do faturamento nos canais de vendas e faz análises do portfólio e preços.

Analista de marketing

Formação profissional

Bacharel em Marketing ou Comunicação Social.

O analista de marketing é quem cuida das campanhas e coloca em prática o plano de marketing, ajudando-as a ganhar mais relevância na internet e a melhorar a taxa de conversões. Para isso, o profissional trabalha com redes sociais, criação de conteúdo, estratégia de SEO (*Search Engine Optimization*, ou otimização para mecanismos de busca) e mensuração de resultados. Auxilia também em orçamentos, compras, desenvolvimento de campanhas *on-line* e *off-line*.

2

Conceitos e fundamentos de marketing

O conceito de marketing tem sido entendido de maneira equivocada, tanto pelos profissionais de saúde, quanto por especialistas da área, sendo comumente confundido com publicidade e propaganda. Contudo, a publicidade e propaganda são apenas parte das ferramentas que o marketing usa, visando atender ao mercado e comunicar ao público seus serviços e produtos.

Outro equívoco comum é a comparação do profissional do marketing com o profissional de vendas. Isso geralmente ocorre, pois, em uma empresa, os outros setores não costumam dar a devida atenção ao marketing em suas áreas, geralmente preocupados com as atividades rotineiras mais específicas. Entretanto, no dinâmico mundo contemporâneo, é ideal que todos os setores de uma empresa trabalhem por um mesmo objetivo: a constante satisfação do paciente.

Além disso, os especialistas em marketing, regularmente, são associados, até por eles mesmos, a um estereótipo pejorativo como «marketeiro", rotulados como profissionais práticos, que ludibriam clientes e pouco analíticos, criativos, mas pouco acadêmicos. Essa percepção esconde o papel de liderança e transformação desse trabalhador, não sendo reconhecida a sua habilidade de inovação e mudança para lidar com novos desafios.

Mas, se até mesmo profissionais formados na área possuem uma visão equivocada do conceito de marketing, cabe questionar: afinal, o que é marketing?

No ano de 1969, o Comitê de Definições da American Marketing Association (AMA) definiu o conceito como o **"desempenho de atividades da empresa que se relacionam com o fluxo de bens e serviços, do produtor para o consumidor ou usuário" (AMA, 1988)**. Em 1971, o mesmo comitê estabeleceu que **"marketing** é o processo de planejar e executar a concepção, a determinação de preço, a promoção e a distribuição de ideias, bens e serviços para criar negociações que satisfaçam metas individuais e organizacionais". Desse modo, o comitê defende que as ações de marketing desenvolvem estratégias para levar produtos e serviços desenvolvidos por uma empresa aos clientes.

Outra definição foi feita pelo professor universitário estadunidense Philip Kotler (1996), ao afirmar que marketing **"é a atividade humana dirigida para a**

satisfação de desejos, por meio do processo de troca", sendo um processo social, por meio do qual, pessoas e grupos obtêm o que desejam, com a criação de oferta e livre negociação de produtos e serviços de valor com outros.

Assim, o marketing é um negócio visto pelo ponto de vista do paciente, tendo sua essência no processo de troca, em que as partes envolvidas trocam algo para satisfazer os objetivos, tanto o lado do consumidor, como o da empresa. É trabalhar para encantar o paciente, pensar em toda a experiência, dessa maneira, tê-lo sempre de volta e obter indicações. Com esse panorama em vista, é necessário passar a entender o paciente como cliente, motivo pelo qual organizações da área da saúde também passaram a investir tanto em pesquisas de mercado, agências de marketing, contratação de profissionais de marketing e comunicação, visando à compreensão das necessidades e desejos do público que atende.

Miopia de marketing

Gestores cometem erros ao interpretar qual deve ser o foco da comunicação, muitas vezes não consideram os benefícios, as expectativas dos pacientes e a experiência proporcionada pela entrega prometida pelo serviço/produto. Com isso, pode errar ao prestar atenção somente no produto e serviço, deixando de lado, os benefícios oferecidos, às expectativas, necessidades e desejos do cliente/paciente. Theodore Levitt (1975), chamou esse desalinhamento da comunicação, de **miopia de marketing**. Nesse trecho, ele explica: "todos os setores que têm um desenvolvimento importante passam por uma etapa rápida de expansão. Porém, essa onda de entusiasmo expansionista está sempre sob ameaça da decadência. Assim, muitos setores param de crescer rapidamente, apesar de terem um excelente produto". E ele segue, "quando o desenvolvimento de determinado segmento é ameaçado, retardado ou detido, não é porque o mercado está saturado, mas porque ocorre uma falha administrativa. A falha está na cúpula. Os dirigentes, na maioria das vezes, desenvolvem essa miopia, que os impede de ver com maior amplitude".

As empresas têm que saber que seus produtos e serviços são apenas um meio, e não um fim neles mesmos, para atender as necessidades. No setor de saúde o foco das organizações sempre será em atender a sua função básica, que é atender as necessidades dos pacientes, sabendo que ele busca ser tratado e curado, mas o paciente espera mais que isso, aí está a miopia, tratá-lo e curá-lo é parte do todo, porém, o paciente precisa também, de uma experiência agradável e acolhedora, ambiente higienizado, seguro, confortável e iluminado, com atendimento humanizado, competente e ágil, profissionais simpáticos, instalações modernas, serviços diferenciados, tecnologia de última geração, diferenciais que gerem valor e aumentem a percepção de qualidade. Veja o exemplo das maternidades, que criaram um ambiente altamente festivo, gerando uma sensação de vitória e felicidades para os pacientes, decidir em qual maternidade o paciente se interna virou um evento, tem *city tour*, *test drive*, cursos etc.

E na sua clínica ou hospital? O que os pacientes esperam quando os procuram? Entender e resolver uma dor? Atendimento de excelência? Você está comunicando o que eles estão procurando?

Composto de marketing

Expostos os princípios básicos para agregar valor ao cliente, desenvolve-se uma estratégia para estruturar um plano de marketing. A função desse plano é ajustar as ofertas das empresas às necessidades dos clientes e às alterações do macroambiente causadas pelas variáveis incontroláveis. Para obter tal ajuste, os profissionais de marketing dispõem de variáveis controláveis: o "composto de marketing", também conhecido como "4Ps". O conceito, aprimorado pelo professor Jerome McCarthy, em 1960, e popularizado por Philip Kotler e Kevin Lane Keller, é classificado em quatro componentes de atividade: **produto, preço, promoção e praça.**

PRODUTO	PREÇO	PRAÇA	PROMOÇÃO
O que você oferta?	Por quanto você oferta?	Onde você oferta?	Como você oferta?

Ex.: testes genéticos, consulta, cirurgia, exame de sangue etc.	**Ex.:** preço da consulta, mensalidade do convênio, preço da cirurgia.	**Ex.:** clínica com sede em São Paulo, nos bairros do Jardins e Vila Mariana ou consulta por teleconsulta via plataforma *web*.	**Ex.:** redes sociais, redes de pesquisa, televisão, outdoor, indicação etc.

Figura 2.1. *Esquema visual com os "4Ps". Fonte: Jerome McCarthy (1960) e ilustrada pelos autores.*

O autor, Hiram Baroli, fala sobre o composto de marketing, também conhecido como os famosos 4 Ps (Produto, Praça, Preço e Promoção), e explica resumidamente, sobre a aplicabilidade no setor de saúde.

Composto de marketing — os 4Ps aplicados à saúde

Assim, há necessidade de relacionar e ajustar o produto. No caso de saúde, o produto é um serviço, que é dividido na **experiência** que o paciente tem, com a instituição ou profissionais de saúde, com o **desfecho** do seu problema de saúde, como por exemplo, a solução de um sintoma ou o tratamento de uma doença crônica.

Em tipos de produtos de consumo existem duas classes: a dos produtos de consumo, voltados para consumidores finais, pessoas físicas e a dos produtos industriais, voltados para consumo corporativo. As classes de produtos de consumo são:

- **Bens de conveniência** são produtos de preço relativamente baixo, cuja compra é frequente e demanda pouco esforço, seja físico ou mental. São produtos de alta rotatividade, como cremes dentais, medicamento relaxante muscular, curativo instantâneo etc.

- **Bens de compra comparada** são produtos de compra mais difícil e menos frequente, envolvendo mais riscos (seja financeiro, de desempenho ou psicossocial), como planos de saúde, consulta particular etc.

- **Bens de especialidade** são produtos muito caros e muito raramente comprados, muitas vezes, feitos sob encomenda. Por exemplo, aparelho ortodôntico ou uma prótese.

- **Bens não procurados** são produtos que, conforme sugere o nome, não procuramos normalmente. O trabalho do profissional de marketing, portanto, é o de lembrar sobre sua existência e reverter a aversão a eles. Bons exemplos dessa classe são a vacinação e seguros de vida.

Classes de produtos industriais

- **Instalações**, bens não portáteis, usados no processo de produção, como equipamentos de grande porte para exames.

- **Equipamentos e acessórios, equipamentos móveis** usados no processo produtivo, uniformes médicos e peças para equipamentos de saúde etc.

- **Componentes**, produtos que fazem parte do que é fabricado. São os chamados "componentes originais" e definem as indústrias, muitas vezes classificadas como OEM, *original equipment manufacturers* (fabricantes de peças originais) de equipamentos de saúde.

- **Matéria-prima**, itens que são processados para fazer parte do produto.

- **Suprimentos,** produtos consumidos pela empresa, mas não necessariamente fazem parte do processo de produção, como máscaras cirúrgicas, luvas etc.

Produtos, serviços, experiências e conteúdos

Hospitais e clínicas estão inseridos no produto. Basta que eles sejam feitos com intenção de troca no mercado. Para falar de produtos tangíveis, como o sabão, usamos a palavra bens. Serviços são o que o nome indica: hospitais e clínicas.

Contudo, há duas categorias interessantes que merecem nota. Uma delas é a dos conteúdos, *podcast*, por exemplo, não é o CD que se compra, mas sim, o conteúdo que pode estar disponível em plataformas de *e-books* e *streaming*, o setor de saúde têm criado ótimos conteúdos por meio dessa plataforma. Livros de saúde, como este que você lê, também podem ser vendidos em diversas formas e em diversas localidades, muitas vezes baixados no *cloud* (nuvem). O que está dentro do livro é o conteúdo. A brochura de papel, que chamamos de livro, contém o conteúdo de palavras.

Por outro lado, existem produtos que ficam marcados apenas na nossa memória, são as experiências e isso inclui uma consulta ou internação. Hoje em dia, o crescimento dos conteúdos e das experiências é enorme, e sua compreensão é fundamental para os profissionais de marketing em saúde.

Bens e serviços são, a princípio, coisas diferentes. Tais diferenças são muito evidentes se pensarmos, por exemplo, que bens têm uma existência física, e serviços, nem sempre. Afinal, o que há de concreto em um serviço como uma consulta médica, por exemplo, que não seja o cartão de plástico do plano de saúde, e o papel da receita médica.

Produtos têm muito de intangível, sendo a marca um exemplo disso. Serviços, por sua vez, cada vez mais usam elementos tangíveis para colocar-se no mercado. Um exemplo disso é a arquitetura dos hospitais, sem falar do serviço de hotelaria oferecido. O equilíbrio entre elementos tangíveis e intangíveis é fundamental para a boa saúde de muitos produtos de consumo hoje em dia.

Promoção

A promoção é a comunicação dos serviços que você oferta em sua clínica ou hospital. É a escolha de canais e a divulgação de mensagens por esses canais como, por exemplo, uma campanha no Google ou no Instagram para captar novos pacientes.

Em promoção concentram-se todas as atividades promocionais e de comunicação da empresa. A diversas ferramentas do composto promocional, venda pessoal, propaganda, promoção de vendas, merchandising, relações públicas, publicidade e propaganda de PDV (ponto de venda).

O composto promocional é o conjunto de atividades de comunicação, e é tarefa do gerente de marketing em saúde selecionar as ferramentas, de acordo com os seus objetivos. Cada modo de comunicar-se é um instrumento do composto promocional.

Características das ferramentas

Venda pessoal é uma função que já existia muito antes do marketing. Por venda pessoal, entendemos todas as atividades pessoais, interativas, de comunicação com o cliente. A principal vantagem da venda pessoal é a possibilidade da resposta imediata aos argumentos do cliente. Na venda pessoal, é possível negociar com o cliente e fechar a venda. O trabalho de vendas é muito caro, se compararmos com os outros instrumentos do composto promocional. No entanto, a eficácia de uma boa equipe de vendas não tem preço. Esse instrumento é o mais indicado para geração de vendas ou desenvolvimento de relações com clientes. Por exemplo, o profissional propagandista que tem como objetivo visitar os médicos e apresentar medicamentos.

Propaganda é confundida com publicidade e com o próprio marketing, chamamos de propaganda qualquer atividade de divulgação de mensagens em meios de comunicação, onde há pagamento pelo uso do espaço. Os meios de comunicação onde mensagens de propaganda podem ser veiculadas são o que chamamos de mídia. Como o uso do espaço em mídia é muito caro e a repetição de peças é necessária para aumentar a eficiência da campanha, o orçamento de propaganda é geralmente alto. É tarefa do gerente de marketing selecionar os meios de comunicação que maximizem a eficiência do orçamento.

Publicidade refere-se às inserções não pagas que as empresas ganham em meios de comunicação. Isso acontece porque os meios de comunicação precisam veicular notícias, sendo que as empresas são uma boa fonte de notícias. Para gerar publicidade, a empresa deve investir em assessoria de imprensa. O trabalho do assessor de imprensa é manter jornalistas, articulistas e colunistas informados a respeito do que a empresa faz e motivá-los a falar da empresa. A publicidade é, particularmente, indicada para desenvolver relações com públicos e para aumentar a consciência de marca.

Promoção de vendas são atividades rápidas, têm o objetivo específico de aumentar as vendas rapidamente. De qualquer modo, promoções de vendas não devem ser usadas para posicionar marcas.

Merchandising e comunicação em PDV (ponto de venda). Chamamos de merchandising as atividades empreendidas para aumentar a visibilidade da marca no mercado, como patrocínios de eventos. Já, a propaganda em ponto de vendas é tão importante, que hoje é considerada um instrumento à parte. Como dizem os profissionais da área, o ponto de venda é o último lugar onde pode-se persuadir o cliente a comprar um produto, é vital para produtos de alta rotatividade e, principalmente, para os mais indiferenciados.

Políticas de composto promocional

Existem três estratégias de composto promocional

- **A estratégia de expansão (*push*)** consiste em concentrar as atividades de comunicação no intermediário, por exemplo, na drogaria e deixar com ele a tarefa de atrair o público final. Com essa estratégia, o produtor simplesmente renuncia ao esforço de posicionamento do produto, visto que toda a comunicação com o cliente será feita pela drogaria, com os objetivos do intermediário. É uma estratégia apropriada para produtos extremamente indiferenciados e de altíssima rotatividade.

- **Estratégia de retração (*pull*)** consiste em concentrar os esforços de comunicação no público final, esperar que ele procure o produto no intermediário e que, por consequência, os intermediários procurem o produto com o produtor. É uma estratégia indicada para produtos muito diferenciados, em que o posicionamento é importante. Muitos laboratórios possuem produtos diferenciados e com grande penetração no mercado utilizam essa estratégia.

- **Estratégia combinada (*push-pull* combinados)** sugere usar todas as maneiras possíveis para atingir os clientes. Aqui, os esforços de expansão e retração são combinados. O cliente final recebe informações sobre o produto, não só do varejista (drogaria) como, também, do produtor (laboratório).

Praça

Onde é realizada a oferta. Em qual localização, física ou virtual, para que bairro, cidade ou país, ou venda de consultas presenciais, ou no ambiente virtual, como a telemedicina. O importante é ter foco e escolher em locais onde possa-se mensurar o retorno das campanhas de marketing.

O sucesso desse plano consiste no equilíbrio entre esses quatro componentes, tendo como foco sempre o paciente.

Segundo Kotler, canais de marketing são conjuntos de organizações, interdependentes, envolvidas no processo de disponibilização de um produto ou serviço para uso ou consumo.

As escolhas referentes à estrutura de canais para a distribuição de produtos ou serviços são extremamente importantes, e afetam preços e promoções. As decisões sobre os canais de distribuição envolvem o desenvolvimento de parcerias com os elementos do canal de distribuição.

Um canal de marketing não transfere apenas mercadorias dos fabricantes para os consumidores finais. Além das mercadorias, também são transmitidas informações sobre os consumidores e concorrentes.

De acordo com Churchill e Peter (2000), as funções de distribuição podem ser alinhadas em três grandes grupos

- **Funções transacionais**, por comprar e vender mercadorias, os intermediários podem otimizar os canais. Se cada fabricante vende diretamente, isso encarece o processo de distribuição, tanto para o consumidor, quanto para o fabricante. Embora o varejista inclua no preço uma margem de lucro, o valor para o cliente aumenta devido à redução no tempo de busca e na redução no custo de deslocamento. Imaginem o custo de transporte e para manter pontos exclusivos, de um único laboratório, para vender seus medicamentos para todos os consumidores interessados, sem dúvida, a facilidade transacional proporcionada pelas grandes redes de drogarias impacta diretamente na capilaridade do produto, por todo o país. Outra função é a redução no risco de deterioração ou obsolescência do produto. Em suma, dentre as funções transacionais, encontram-se a compra, a venda e os riscos.

- **Funções logísticas** são relacionadas à distribuição e ao armazenamento das mercadorias. Dentre elas, estão a concentração, o armazenamento, a organização e a distribuição física. Hoje existe o que chamamos de *marketplace*, você entra em um determinado site, de uma dessas grandes redes varejistas de medicamentos e faz a sua compra, porém, os medicamentos são entregues diretamente por uma distribuidora, que retira no laboratório e entrega na casa do cliente, com isso, o produto ganha no preço final, porque tem uma transportadora a menos no processo até chegar no cliente e prazo de validade, por não ficar parado em estoque de terceiros.

- **Funções de facilitação** são relativas ao fluxo de informações e a facilitação do crédito para o consumidor, podemos citar o financiamento. Entre o fabricante e o consumidor final, podem existir vários níveis de distribuição e de complexidade na cadeia de distribuição. Aqui, vale ressaltar, a facilidade de o laboratório poder vender apenas grandes volumes e a drogaria cuida da venda de um para um.

E a distribuição também pode ser direta ou por meio de intermediários (indireta). O canal direto de distribuição é aquele em que o consumidor entra em contato direto com o fabricante. O canal direto ocorre quando a empresa decide não utilizar intermediários, vendendo seus produtos diretamente ao consumidor final. Canais indiretos são aqueles que empregam intermediários. A maioria dos produtos é distribuída por meio de canais indiretos de distribuição. O intermediário é um agente facilitador da relação entre consumidores e fabricantes. De acordo com Kotler, o canal de um nível conta com apenas um intermediário entre o fabricante (laboratório) e o consumidor como, por exemplo, o varejista (ponto de venda como uma drogaria).

Estratégias de distribuição: intensidade da estrutura do canal

Divide-se em distribuição intensiva, seletiva ou exclusiva. A intensidade da distribuição é um fator crítico para a estratégia de marketing e deve refletir os objetivos e as estratégias corporativas:

- **Distribuição intensiva** é aquela que satura o mercado com seus produtos. Esse tipo de distribuição é particularmente adequado aos produtos de consumo de massa, compra frequente, alta rotação de estoques e preços baixos.

- **Distribuição seletiva** de um produto permite à empresa uma distribuição ampla, sem, contudo, popularizar a marca. Nesse caso, nem todos os intermediários possíveis são utilizados, e todos os escolhidos são cuidadosamente selecionados.

- **Distribuição exclusiva** ocorre, quando um ou poucos intermediários, são utilizados, é comum que o intermediário se dedique, exclusivamente, a linha de produtos do fabricante ou que essa seja sua atividade principal.

Preço

Decisões de preço, também chamadas de precificação de novos produtos e serviços, dependem, de maneira particular, do modo como a empresa define suas prioridades, seu objetivo de preço, e comunicar isso aos outros participantes do sistema de marketing.

O preço de um produto é aquilo que ele custa ao comprador. O preço de um produto deve ser bom o suficiente para que a empresa recupere seus custos variáveis e a parcela dos fixos que cabe ao produto ou serviço. O marketing atua na demanda, aumentando as vendas do produto ou serviço, sem manipular o preço. Isso é atingido por meio do uso de instrumentos de marketing, comunicação, características do produto ou serviço e distribuição eficiente.

Podemos fixar preços de três maneiras

- **Definição do preço pelos custos ou ponto de equilíbrio**, depende apenas dos custos fixos e variáveis. O número de unidades a serem produzidas para pagar os investimentos é calculado a partir do preço que se pretende cobrar pelo produto. A análise do ponto de equilíbrio não considera a taxa de retorno desejada. Para incluí-la, devemos apenas considerar a taxa de retorno como um custo adicional. A análise do ponto de equilíbrio é absolutamente indispensável, porque diz qual o volume de vendas necessário para pagar os custos de produção.

- **Definição de preços pela demanda** está baseada na maneira como o consumidor percebe o valor do produto, o próprio projeto do produto será determinado pelo modo como os consumidores percebem o valor. Assim sendo, ao invés de começar no projeto e terminar no preço, a precificação por valor começa no preço e termina no projeto. A maior dificuldade de precificar o produto ou serviço pela demanda reside na avaliação de quanto o consumidor se dispõe a pagar por um produto ou serviço.

- **Definição de preços pela concorrência e *benchmarking* é uma ma**neira extremamente rápida e prática de precificar produtos por meio da observação dos preços praticados pela concorrência. Nesse caso, assume-se que os preços praticados no mercado são representativos de quanto o consumidor está disposto a pagar pelo produto. Como base de comparação, as empresas podem usar, não apenas os preços praticados, mas também os preços esperados. Esse último processo ocorre quando é impossível saber qual o preço praticado e, portanto, baseia-se em estimativas do preço da concorrência.

Os modos de precificação de novos produtos ou serviços apenas dizem qual deve ser o preço praticado para que o produto ou serviço não fique em condição de desvantagem competitiva no mercado. Sabendo do preço que deve ser praticado, cabe ao gestor definir qual a estratégia de precificação mais consistente com as outras decisões estratégicas de marketing.

As estratégias de precificação de novos produtos ou serviços são duas

- **Desnatação (ou *skimming*)** – o produto ou serviço é lançado com preço mais alto do que a média dos preços no segmento. Com o passar do tempo, o preço do produto é reduzido. O nome desnatação se deve à intenção de entrar no mercado pelos consumidores de maior poder aquisitivo. A precificação por desnatação aposta na imagem de boa qualidade que o preço alto confere à algumas categorias de produtos. Depende, no entanto, da percepção da diferenciação do produto com relação aos seus concorrentes. As margens mais altas, propiciadas pelos preços altos, ajudam no esforço de posicionamento, na motivação da força de vendas e na relação com os varejistas. Além de gerar demanda, a comunicação deve construir uma forte imagem de marca e posicionar o produto muito claramente. Essa estratégia é particularmente apropriada para produtos ou serviços muito diferenciados, com marca nova ou pouco conhecida.

- **Penetração** – o produto ou serviço é lançado com preço abaixo da média do mercado. Com o passar do tempo, o preço sobe lentamente. Essa estratégia aposta na penetração rápida no mercado: o preço baixo é um atributo muito forte, atraindo uma gama bastante ampla de consumidores. Por causa da demanda explosiva no momento do lançamento, o sucesso dessa estratégia depende da estrutura de produção e de uma boa rede de distribuição. Nesse caso, a comunicação integrada será usada, fundamentalmente, para gerar vendas. Grandes gastos com comunicação integrada são incompatíveis com essa estratégia. O principal risco dessa estratégia é a dificuldade ou, em alguns casos, a impossibilidade de construir uma imagem de boa qualidade.

O preço é um atributo fundamental do produto ou serviço, mas de difícil administração, devido aos vários interesses conflitantes nele focados. Para isso, o executivo deve usar os meios disponíveis para fixar o preço de maneira tecnicamente e estrategicamente correta. Vimos três maneiras de fixar preços de produtos e serviços, **pelos custos, pela demanda e pela concorrência** e duas estratégias de fixação de preços de novos produtos e serviços a **desnatação** e **penetração**.

Proposta de valor em saúde × preço

O autor, Hiram Baroli, fala sobre a definição de Preço × Valor e dá dicas importantes para que médicos tenham foco em atender as necessidades dos seus pacientes e entregar valor.

Valor percebido é a razão entre o que o cliente recebe e o que ele dá. O cliente recebe benefícios e assume custos.

Preço é o quanto o comprador dá em troca para ter um bem ou serviço que necessita.

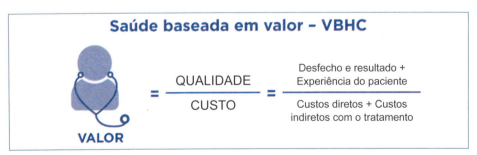

Figura 2.2. *Valor para o paciente. Fonte: Michael Porter (2006) e ilustrada pelos autores.*

Qualidade é a totalidade dos atributos e características de um produto ou serviço que afetam sua capacidade de satisfazer necessidades declaradas ou implícitas. Um produto ou serviço de qualidade causa satisfação.

As clínicas que escolhem o caminho pelo preço têm duas possibilidades: ou é a mais barata ou não é, essa é uma estratégia que deve ser muito bem estudada, pois em determinado momento poderá levar a uma competição que pode abalar a saúde financeira da clínica. Para manter o menor preço muitas vezes é preciso mudar os processos, o atendimento, colocar em risco a reputação da marca e o relacionamento com fornecedores e clientes.

Quando falamos em marketing em saúde o foco deve ser em construir valor, fazer com que o valor do seu serviço, da sua clínica seja percebido e diferenciado com relação às outras clínicas e opções disponíveis no mercado de saúde.

É importante saber fazer a seguinte conta, o valor do benefício entregue pela sua clínica ou consultório deve ser percebido como de maior valor, do que o quanto é pago pelo paciente, se isso ocorrer, o valor percebido será alto e levará a satisfação. Por exemplo, uma consulta custa R$ 1.500,00, porém, se juntarmos a facilidade de acesso a clínica (estacionamento na porta com manobrista), o bom atendimento na recepção, o currículo do profissional, o ambiente seguro e aconchegante para a espera, atendimento pontual, demonstração de profundo conhecimento médico na especialidade, perguntas pertinentes do profissional para entender onde está a dor e qual a necessidade do paciente e toda a orientação passada ao final da consulta, faz com que o paciente tenha uma percepção que aquela consulta vale mais do que os R$ 1.500,00 pagos, inclusive de modo psicológico ele pode imaginar que aquela consulta poderia ter custado R$ 5.000,00, isso é uma percepção de valor, faz com que o paciente tenha uma percepção de ganho, porque o valor do serviço recebido superou o preço pago pela consulta.

Isso é natural, é do ser humano, o paciente, assim como um consumidor, faz essa conta o tempo todo, a qualquer consumo. É assim que se constrói valor.

Portanto, a construção de valor no marketing tem a ver em atender as necessidades dos clientes/pacientes e, se possível, superar suas expectativas e encantá-lo, sempre buscando entregar mais do que ele espera.

Clínicas que oferecem valor ao cliente/paciente, vão a fundo para conhecê-lo e entender, dentre outras coisas, o que ele busca, que benefícios espera, que produtos e serviços ele quer. Com base nisso criam vantagens que entregam valor e geram satisfação, proporcionando uma experiência que reflete toda a sua proposta de valor. Percebam, que nesse caso, o preço fica em segundo plano, a prioridade é a entrega de valor.

Quanto vale a consulta com um médico com excelente formação? Ou com anos de experiência? E a clínica? O quanto é valorizado pelo paciente ser atendido em uma clínica bem planejada, com arquitetura e decoração *clean*, com ótima localização? Isso vale muito, não é?

Porém, imaginem vocês entregarem tudo isso, mas o paciente depara-se com uma secretária pouco polida, com cara de poucos amigos... estão vendo? O valor tem que ser construído nos mínimos detalhes, vale lembrar que, tanto a primeira, quanto a última impressão do paciente com relação a clínica, será o contato da recepção, ou seja, investir no profissional da recepção é muito importante.

É preciso, também, fazer estudos de mercado, buscando entender o que as outras clínicas do setor estão oferecendo de valor a mais. Quais os diferenciais que estão disponíveis no mercado? E como a sua clínica pode diferenciar-se com relação às clínicas concorrentes.

Muitas mudanças estão ocorrendo no macroambiente, é o dólar que não para de subir, crises políticas que só se agravam e a própria pandemia, tudo isso, são grandes ameaças para o seu negócio. Porém, podem ser grandes oportunidades para que as empresas de saúde invistam na sua reputação, as suas ações para o bem da sociedade, serão reconhecidas e valorizadas, trabalhar com conteúdo pode ser uma ótima estratégia de marketing. Profissionais de saúde podem alcançar diversos objetivos oferecendo um conteúdo de qualidade, com informações relevantes, atraindo assim, novos e potenciais pacientes, munindo também os seus já pacientes de informações importantes.

Pode-se gerar muito valor a marca da clínica ou do profissional médico, conteúdo que conscientize as pessoas sobre os cuidados ao buscar profissionais da saúde ou dicas sobre prevenção de doenças. Invista na conscientização, é preciso deixar claro que não se deve realizar autodiagnóstico, auto tratamento ou automedicação.

Por isso, é necessário auxiliar na informação sobre a importância de consultar um profissional de saúde para realizar avaliações, exames, esclarecer eventuais dúvidas e indicar tratamentos.

Para construir valor demonstre sempre a preocupação em atender da melhor maneira e o mais exclusivo possível o seu paciente, procure entender as necessidades antes de tomar qualquer decisão relativa ao serviço da clínica.

Crie canais e garanta uma comunicação efetiva com o paciente. Faça com que todos da equipe tenham foco na melhor entrega, seja a exclusividade, personalização, qualidade, preço, condição ou qualquer outra coisa que satisfaça nossos pacientes.

Oriente todos os profissionais da clínica para reverter qualquer problema na entrega do serviço, para gerar mais oportunidade e satisfação do paciente.

Lembre-se sempre que, acima de tudo, o objetivo maior tem que ser em atender as necessidades do paciente e entregar valor, **precisa ficar muito claro na mente do paciente a proposta de valor da clínica.**

Proposta de valor do hospital × avaliação do paciente

Vamos exemplificar a curva de valor que foi adotada a metodologia, por W. Chan Kim e Renée Mauborgne, na obra "A estratégia do oceano azul", em 2005. Estamos aplicando a proposta de valor de um serviço hospitalar, dividido por tópicos de contato entre a jornada do paciente e a estrutura preparada para o atendimento do serviço de saúde.

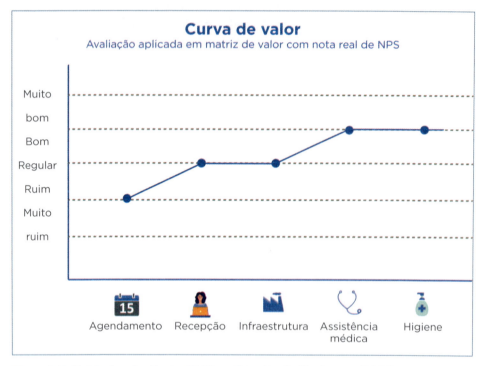

Figura 2.3. *Matriz de valor. Fonte: W. Chan Kim e Renée Mauborgne (2005).*

Essa é a proposta de valor de um serviço hospitalar, dividido por tópicos de contato entre a jornada do paciente e a estrutura preparada para o atendimento do serviço de saúde.

Um hospital oferece valor desde o site, conteúdos em redes sociais, *valet*, fácil localização, agendamento, pronto-socorro, pontualidade, conforto e entretenimento da recepção, simpatia da recepcionista e enfermeiras, agilidade na triagem, higiene, alimentação, diagnósticos, conforto do apartamento, terapêutica, acolhimento, bom desfecho médico, retorno e pós-consulta.

Só é possível avaliar a proposta de valor, por meio de pesquisas e avaliações dos pacientes, e com estratégias do que será oferecido para o paciente para aumentar a percepção de valor e qualidade.

Os "Ps" de serviços de saúde

Quando o assunto é **serviço de saúde**, o composto dos "4Ps" requer acréscimo de mais três fatores devido a sua complexidade. Por exemplo, a promoção tradicionalmente é pressuposta como estando relacionada à publicidade e propaganda. Em serviços, tais fatores também são importantes, mas já que os serviços/produtos são produzidos e consumidos simultaneamente, existe uma **promoção em tempo real** do serviço.

A definição do preço também se torna muito específica, porque é difícil precificar cada unidade de serviço prestado. E, ainda, os clientes também são influenciados em sua percepção de qualidade ao analisar, se os valores cobrados são muitos baratos, na média ou excessivamente caros, a depender da avaliação do cliente.

Desse modo, como os serviços se tornam intangíveis, clientes sempre estão à procura de indicadores tangíveis que possam auxiliá-los em sua decisão final. Assim, as variáveis tangíveis acrescentadas aos "4Ps" iniciais são:

- **Pessoas:** a maneira de vestir, estética, falar, portar-se, expor-se na internet, experiência profissional, agilidade, competência, carisma, simpatia, currículo acadêmico, desfechos clínicos, competência, dentre outras, são de forte influência na percepção e avaliação dos possíveis compradores.

- **Prova:** a manutenção constante das evidências físicas transmite confiança e segurança ao paciente. A natureza intangível, expressa anteriormente, referente aos serviços, faz com que alguns consumidores, na hora da compra, procurem por essas evidências. Por exemplo, uma mulher que busca uma cirurgia plástica, geralmente, procura indicação e relatos de pessoas satisfeitas com a clínica, o médico e o centro cirúrgico.

- **Processo:** um serviço é bem avaliado quando cumpre o que foi ofertado e prometido para o paciente, com qualidade e excelência, superando as expectativas e deixando a impressão para o paciente de ótimo custo-benefício. Enquanto atrasos e problemas com prazos fazem com que o serviço seja negativamente avaliado, prejudicando, assim, a imagem do prestador.

A qualidade do serviço de saúde é primordial

A qualidade em serviços de saúde é um componente central a ser estudado pelo marketing, a percepção dos pacientes de serviços de saúde é a qualidade. A qualidade em serviços é tão fundamental que ela pode ser o principal fator decisivo na decisão do consumidor. Por isso, definimos as dimensões da qualidade em serviços de saúde, que nada mais é, do que, as avaliações dos clientes acerca da qualidade, incluindo percepções de múltiplos fatores. Pesquisas mostram que os consumidores consideram cinco grandes dimensões em suas análises sobre a qualidade dos serviços:

- Confiabilidade.
- Responsividade.
- Segurança.
- Empatia.
- Tangibilidade.

Essas dimensões representam o modo como os clientes organizam, em sua mente, a informação sobre a qualidade de serviços:

- **A confiabilidade** se mostra consistentemente e determinante das percepções da qualidade de serviços entre pacientes. Em um sentido mais amplo, a confiabilidade e responsabilidade significa que a empresa presta o serviço cumprindo o que foi prometido. Como exemplo, é possível entender essas promessas como um prazo de alguns dias para o resultado de um tratamento dermatológico.

- **Responsividade** refere-se à atenção e ao pronto atendimento nas solicitações dos pacientes. O tempo de espera das respostas às perguntas ou da resolução dos problemas é o critério-chave nesse caso. Flexibilidade e atendimento a casos especiais, de maneira rápida, também estão em jogo, tratando-se de responsividade. Um exemplo é quando o paciente relata um sintoma adverso ao tratamento e o médico demora muito para responder. E atenção em tempos de internet e redes sociais, o paciente quer respostas em todos os canais como WhatsApp, Instagram, e-mail, Reclame Aqui e telefone.

- **Segurança** é particularmente importante, pois, em se tratando da compra de serviços, os pacientes possuem algum nível de receio em concluir a compra, dado o alto risco envolvido na transação ou ainda quando há, em qualquer nível, fatores de incerteza de resultados e alinhamento das expectativas.

- **Empatia** é possível imaginar que, em uma pequena clínica, no interior do Brasil, os pacientes de um estabelecimento, atendidos pelo próprio dono muitas vezes, são conhecidos pelo nome. Em alguns casos, sabe-se até onde mora, data de aniversário e outras informações da vida daquele paciente, se é casado ou não, se tem filhos e há quanto tempo mora e frequenta aquele local. Esse profissional, pode sim, conhecer seus pacientes pelo nome e conhecer também suas necessidades imediatas e latentes. Esse profissional tem a empatia necessária na prestação de seus serviços. Essa capacidade de ser empático pode dar grande vantagem competitiva para os profissionais.

- **Tangibilidade** dos serviços são percebidos, por exemplo, no conforto das instalações físicas que dão suporte ao serviço prestado, na higiene e limpeza, no equipamento utilizado pelas prestadoras de serviços, no café servido, na apresentação de uniformes e educação dos funcionários que entram em contato direto com o paciente, nos materiais de comunicação impressos utilizados, no site e redes sociais bem apresentadas e na atenção dada no pós-consulta. Todos esses fatores proporcionam representações físicas dos serviços, representações que serão utilizadas pelos pacientes para avaliar a qualidade. Como abordado anteriormente, esses fatores se tornam mais importantes, ainda, se os pacientes nunca passaram em sua clínica ou não conhecem os serviços que têm a intenção de virar cliente.

O momento da verdade

Contatos de serviços ou "momento da verdade" é a impressão mais intensa do serviço que ele está adquirindo e ocorre no contato ou, como Zeithaml e Bitner (2003), chamam, no "momento da verdade", que é quando o paciente interage com o negócio. Em alguns casos, em um único serviço, ou dia de serviço prestado, o cliente pode ter mais de 50 "momentos da verdade", como uma clínica e SPA, por exemplo, e basta apenas uma única experiência negativa para que toda a avaliação seja prejudicada.

Portanto, a cuidadosa atenção, para a afirmação dos valores tangíveis e a consideração de todos os componentes presentes no composto de marketing permitem melhorar a percepção do paciente quanto aos benefícios e amenizar suas percepções problemáticas quanto aos custos, resultando em uma melhor proposta de valor, que o paciente atribui pelo serviço prestado por determinada instituição ou profissional de saúde.

3
Marketing 4.0 e 5.0

Estamos vivendo essa era do marketing 4.0 em que a tecnologia está presente diariamente em nossas vidas e transforma-se no maior meio de comunicação comercial entre pacientes e clínicas da atualidade.

Tente lembrar as suas últimas compras. No último ano, você pode ter comprado um computador, um tênis ou até um carro. Provavelmente, em algum momento do seu percurso de compra (talvez em toda ela), a internet estava presente, correto?

Na hora de pesquisar preços, conhecer as opções de marcas ou efetivamente comprar o produto, você provavelmente usou ferramentas digitais. Pesquisou suas avaliações no Google, consultou opiniões no Facebook e pesquisou sobre determinado médico ou clínica no Reclame Aqui.

Hoje em dia, é um comportamento padrão que todos os consumidores seguem, que é pesquisar sobre a marca antes de comprar, como um modo de segurança para si mesmo. O comportamento dos consumidores os coloca em uma posição de advogados das marcas, tanto relatando experiências, quanto buscando referências digitais para escolher produtos e serviços, principalmente, na área da saúde.

As empresas precisam estar onde os consumidores estão ou impactando-os com propagandas para fidelização e captação, colocando-se no lugar deles, adotando a linguagem e os canais que estão usando para trazer uma experiência melhor para seus pacientes e fidelizá-los.

O autor, Roberto Ferreres, fala sobre o conceito dos 5 As contidos no livro Marketing 4.0 de Philip Kotler, e explica resumidamente a função de cada um dos As (Assimilação, Atração, Arguição, Ação e Apologia) no setor de saúde.

O que é marketing 4.0?

Marketing 4.0 é um conceito desenvolvido por Philip Kotler, um dos mais importantes teóricos do marketing e da administração moderna. O livro foi escrito em parceria com Hermawan Kartajaya e Iwan Setiawan, abrange todos os detalhes dessa nova era do marketing. Segundo os autores, o marketing 4.0 representa uma revolução digital para as empresas que trabalham na internet nos dias atuais. Antes, as maneiras mais usadas para publicidades eram TV, jornais e revistas, hoje é preciso acompanhar as transformações desse mercado e elevar o marketing do seu negócio!

Com as novas tecnologias de hoje, o comportamento dos consumidores passou por uma transformação, que demandou uma nova estratégia do profissional de marketing para chamar a atenção do seu público.

Mas não se trata apenas de ter uma página no Facebook ou Instagram e enviar e-mail marketing. Só isso não significa uma mudança profunda e você pode não ter resultados significativos. Para entrar definitivamente no marketing 4.0, tem que ter a experiência multicanal, foco no encantamento do paciente, entregando sempre mais.

A transformação é muito mais de *mindset* (pessoal) do que de ferramentas. As empresas precisam entender e acompanhar a nova realidade presente, antes de fazer o marketing digital para que possam ter bons resultados nessa nova era. É com isso que Kotler introduz o conceito de marketing 4.0.

De acordo com o livro, a conectividade provoca mudanças drásticas na sociedade:

- Na perda da exclusividade, o mundo se volta para a inclusão social e o senso de comunidade, ao eliminar barreiras geográficas e demográficas.

- Hoje, diversas empresas já adaptaram-se às mudanças, aumentando a competitividade de pequenos negócios e potencializando o contato entre marcas e consumidores, trazendo mais valores e credibilidade para as empresas.

- Decisões individuais estão cada vez sendo mais influenciadas pelas opiniões sociais compartilhadas na internet.

Todas essas transformações provocadas pela internet, impactam também as empresas. Para entrar na era digital e conectar-se com a sociedade, elas devem passar para uma lógica de negócios mais inclusiva. Para isso, elas também devem entender os paradoxos que a conectividade traz.

Primeiramente, o livro apresenta o paradoxo da interação *on-line* x *off-line*. Por mais que as pessoas estejam desenvolvendo novas experiências pela internet, elas dão valor para as experiências físicas e presenciais.

Além disso, ao mesmo tempo em que a conectividade apresenta muito mais opções de consumo, ela também influencia nas escolhas do consumidor.

Ele não tem mais tempo, nem atenção para cada anúncio de marca que recebe, dedica-se apenas ao que oferece alguma utilidade ou necessidade para ele, seja como, **serviços, produtos, entretenimento ou informação**.

E o terceiro paradoxo é sobre defesa negativa x positiva. A conectividade estimula que os consumidores exponham suas opiniões sobre as marcas em algumas plataformas. Só que elas podem ser negativas ou positivas, e isso não está sob controle da empresa.

O que fazer ao receber uma avaliação negativa? Não se desespere! É preciso lidar com o paradoxo, já que as opiniões negativas incentivam que os defensores da marca se manifestem e realizem o pós-atendimento com foco na resolução e satisfação da questão do paciente.

Esses são os desafios que as empresas enfrentam atualmente no marketing 4.0.

5 As

A seguir, vamos exemplificar os 5 As no quadro com a jornada do paciente.

Figura 3.1. *Os 5 As. Fonte: Livro Marketing 4.0, autores Philip Kotler, Hermawan Kartajaya e Iwan Setiawan (2016).*

Os 5 As correspondem à trajetória de convencimento dos pacientes percorridos em busca de profissionais e instituições de saúde

- Assimilação.
- Atração.
- Arguição.
- Ação.
- Apologia.

Na **assimilação**, o paciente não conhece sua clínica e seus serviços, ele pode tomar conhecimento por meio de algum anúncio, site da empresa ou até mesmo indicação de um familiar ou amigo. Após conhecer seus serviços, o paciente passará para o estágio de **atração**, onde ele começa a criar interesse nos seus serviços e tratamentos, levando-o a pesquisar mais sobre sua clínica, entrando no estágio de **arguição**, seja por internet, perfil no Instagram, Reclame Aqui e avaliações do Google. Caso o paciente veja que a empresa tem boas avaliações, bons profissionais e uma estrutura que atende às suas necessidades, ele passa para o estágio da **ação**, aí é onde ele faz o agendamento de uma consulta e experimenta seu serviço! Sendo bem atendido e tendo um atendimento pós-consulta, passará para o estágio de **apologia**, aonde ele retornará mais vezes e irá recomendar seus serviços para familiares e amigos, virando um promotor e trazendo mais pacientes para sua clínica.

Marketing 5.0

"Quando o mercado muda, o marketing também muda."
Ferreres, 2020

Vivemos um tempo de mudanças macroambientais acelerado, é o dólar que não para de subir, crises políticas e econômicas infindáveis e o rápido avanço das tecnologias, e com isso, as empresas sentiram-se obrigadas pela demanda a adaptar-se a uma nova realidade digital rapidamente, pois o comportamento do cliente/paciente está mudando rapidamente com relação aos canais digitais. Esse cenário acelerou muitas mudanças no marketing, segundo estudos de Kotler, Kartajaya e Setiawan, em 2021. Com isso, o marketing evoluiu e atingiu uma nova escala, a 5.0, que é um novo conceito, onde une a tecnologia e o ser humano.

O objetivo principal desse novo conceito é aproximar as marcas aos consumidores de uma maneira sólida como uma simbiose homem-máquina. Utilizam o uso da lógica com algoritmos e tarefas repetitivas em programação para gerar escala.

No lado da inteligência humana, o homem melhora a qualidade, desenha novos produtos, serviços, redesenha processos, desenvolve sabedoria, promove a divergência de pensamento junto com o cliente e encontra novas soluções disruptivas. Também criam mais empatia pelo cliente colocando-se no lugar do outro.

O autor, Roberto Ferreres, faz uma introdução ao marketing 5.0, comenta sobre a digitalização do marketing e a introdução da Inteligência Artificial, robótica e Internet das Coisas etc. E comenta sobre os 5 pilares principais: marketing baseado em dados, marketing preditivo, marketing contextual, marketing aumentado e marketing ágil.

Essa era 5.0 busca maior engajamento e encantamento do consumidor, a fim de torná-lo um embaixador da marca, como se fosse um canal potencializador de novos clientes, promovendo e indicando novos clientes após sua compra, gerando uma experiência marcante de consumo.

A seguir, vamos explicar novos conceitos que abordaremos neste capítulo.

Transformação digital

A transformação digital pode ser definida como um fenômeno que incorpora o uso da tecnologia digital às soluções de problemas tradicionais. A empresa tem que comunicar-se com o consumidor, pelo canal que for preferido pelo consumidor e garantindo maior velocidade no atendimento e conveniência.

Os concorrentes não são só aqueles tradicionais, devemos ter um olhar holístico e olhar possíveis concorrentes ou produtos substitutos em diversas direções.

Analytics devem ser interpretados e usados como base para definição dos próximos passos do marketing.

Blockchain

Tecnologia com base de dados de registros distribuídos, que visa a descentralização e a criptografia como medida de segurança. São bases de registros e dados distribuídos e compartilhados, que têm a função de criar uma proteção global de informações, para todas as transações que ocorrem em um determinado mercado. Graças a essa tecnologia é possível fazermos pagamento.

Internet das coisas (IoT)

Conceito que se refere à interconexão digital de objetos cotidianos com a internet, conexão dos objetos mais do que das pessoas. Em outras palavras, a internet das coisas nada mais é que uma rede de objetos físicos capaz de receber e de transmitir dados.

Realidades alternativas

Universo paralelo ou realidade alternativa é uma realidade autocontida em separado, coexistindo com a nossa própria. Essa realidade, em separado, pode variar em tamanho, de uma pequena região geográfica ou até um novo e completo universo, ou vários universos formando um multiverso.

Inteligência artificial

Artificial intelligence ou AI, em inglês, é um ramo de pesquisa da ciência da computação que se ocupa em desenvolver mecanismos e dispositivos tecnológicos, que possam simular o raciocínio humano, ou seja, a inteligência que é característica dos seres humanos. Uma ferramenta muito utilizada nos dias de hoje é *chatbot*, que por meio de um programa de computador, imita conversas e faz o atendimento, as pessoas acreditam estar sendo atendidas por pessoas, mas tudo é feito por meio da AI.

▓ *Streaming*

É a tecnologia que possibilita a transmissão de dados (vídeos e áudios) pela internet, esses dados podem ser transmitidos ao vivo (*streaming live*) ou estar gravado e ser acessado a qualquer momento, os dados também podem ser acessados diretamente na plataforma, ou, baixados em um dispositivo. Na área de saúde pode-se usar para a transmissão de *podcast* e *lives* de saúde.

▓ Reconhecimento facial e de voz

Essas tecnologias já fazem parte da vida das pessoas, é comum utilizarmos os serviços da Alexa, Google Home, Siri e até a Bia do banco Bradesco, elas existem para nos satisfazer e criar uma experiência no atendimento, dizem que já são mais de um bilhão de aparelhos celulares com essa tecnologia. A tecnologia facial ainda deve avançar na sua adaptação à LGPD, mas estando tudo devidamente autorizado, essa tecnologia permitiria que pacientes fossem identificados e seus prontuários eletrônicos acessados, mesmo antes de serem atendidos.

▓ Geolocalização

Nessa ferramenta, o marketing utiliza a localização do cliente/paciente para definir estratégias de comunicação, as pessoas ativam no seu aparelho celular a geolocalização e autorizam determinadas empresas o seu monitoramento, essa tecnologia na saúde pode salvar vidas, fazendo com que o atendimento e socorro cheguem mais rápido. Uma clínica também pode identificar quando o paciente está próximo e mandar uma mensagem fazendo um convite para conhecer a clínica.

▓ *Big data*

A utilização de dados é importante para se definir estratégias com segurança, é muito eficiente e deve ser aplicado em saúde, sempre lembrando que devemos seguir rigorosamente a LGPD, porém, a tecnologia está ajudando cada vez mais na captação de dados e cruzamento de informações para auxiliar nas decisões e acompanhamento em tempo real do cliente/paciente. Com a *big data* as decisões são tomadas sempre com mais segurança, diminuindo a possibilidade de falhas. Quanto mais informações o médico tiver, mais seguro ele vai estar e mais personalizada as decisões serão, com isso, os clientes/pacientes são beneficiados pelo menor custo do seu tratamento e acompanhamento médico, fazendo com que os diagnósticos sejam mais completos.

Os 5 pilares do marketing 5.0

- Marketing com base em dados.
- Marketing preditivo.
- Marketing contextual.
- Marketing aumentado.
- Marketing ágil.

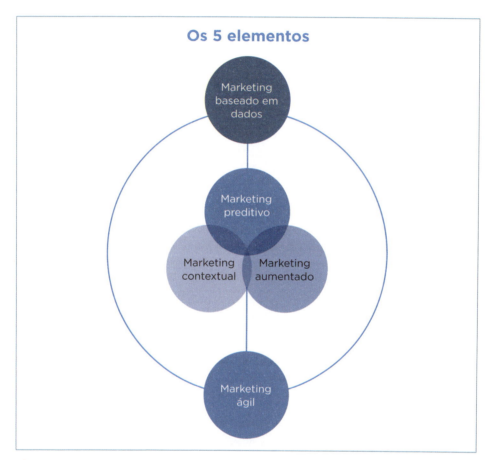

Figura 3.2. *Os 5 elementos do marketing 5.0. Fonte: Kotler, Setiawan e Kartajaya (2021).*

Marketing com base em dados

O marketing mudou, não é mais norteado por percepções aleatórias de mercado ou qualitativas por alguns líderes de marketing ou gestores da empresa. Agora é norteado por *data science*, *big data*, *analytics*, ferramentas de gestão de dados de clientes ou ferramentas de CRM, testes pequenos de campanhas de anúncios digitais, *inbound* marketing e fontes como redes sociais, dados de prontuários de pacientes, fontes de reputação e avaliações como Reclame Aqui e as avaliação do Google ou de *marketplace*, redes de pesquisas, plataformas de pesquisas *on-line* com consumidores, NPS, dados de pontos de vendas, dados de IoT, dados de aplicativos, informações de engajamento, informações de consumo digital, *cookies*, *pixel*, *tags*, palavras-chave e diversos banco de dados em plataformas de *business intelligence* que indicam novas tendência.

Marketing preditivo

Realiza a gestão do cliente, marca e produto:

- Com os dados consolidados do cliente são realizados estudos de oportunidades, como o **upsell,** que é incentivar o cliente a fazer a compra de um mesmo produto ou serviço mais sofisticado ou atualizado e o **cross-selling**, que incentiva os clientes a consumirem outros produtos ou serviços da empresa, com a finalidade de aumentar o *ticket* médio, assim como, ações para diminuir a taxa de perda de clientes conhecido como *churn*. Ações e campanhas de fidelidade e indicação são muito eficazes no seguimento da saúde. É necessário entender o perfil do consumidor e seu potencial de compra, para criar cada vez mais ações personalizadas.

- A marca após ter os dados e entendimento do seu *target*, é definido o conteúdo que melhor combina e tem maior engajamento com o seu público, pode-se criar um guia para uma jornada de sucesso do paciente e agregar maior valor percebido pela marca, também é criada uma atenção maior para a reputação da empresa com *feedback* preventivo dos clientes e ações resolutivas rápidas de problemas entre o cliente e a instituição.

- Produto ou serviço: primeiro é necessário a instituição ou profissional de saúde ter claro a sua proposta de valor para o paciente. Após ter esse entendimento claro de ambos os lados, podemos aumentar a personalização de serviços e recomendar novos produtos ou serviços que integrem o portfólio.

Marketing contextual

Esse marketing vale-se da inteligência artificial para aprender com o cliente e reconhecê-lo. Relacionando experiência, mídia, mensagens corretas em *chatbots*, promoções, produtos e serviços. Um exemplo em saúde é o robô Watson para agendamentos de consultas, é uma integração do banco de dados dos pacientes para agendar uma consulta ou exame. Isso permite às empresas criarem respostas mais personalizadas para melhorar a experiência. Esse marketing precisa de gatilhos ativados no IoT de redes sociais, voip, sistemas, lugares, momentos e pessoas.

Marketing aumentado

É um tipo de campanha que acontece através do funil de venda, que captura os *leads* por meio de conteúdos de valor ou conversas, que avançam por intermédio de *chatbots*, que podem ser capturados em redes sociais ou em *landing page* de uma ferramenta de CRM, como a RD Station ou Lead Lovers. Esses *leads* passam por um estágio de nutrição de novos conteúdos, por um período de remarketing, e-mail marketing, SMS, mensagens de WhatsApp, conteúdos em redes sociais. Quando esse *lead* de um cliente reage em algum canal, ele é direcionado para o departamento de vendas ou agendamento na área da saúde, que vai ser responsável pela sua conversão, atendimento e o sucesso do cliente e fidelização, rastreamento de ponta a ponta, até o fundo do funil.

Marketing ágil

Resultados em tempo real, junto com processos de experimentação rápida. Como as transmissões de *live streaming*, que um médico abre para falar sobre certo tema com seus seguidores e sanar dúvidas sobre determinado tema de saúde. Isso mostra maior aproximação com os clientes e atendimento ágil, quando a empresa recebe qualquer informação em algum canal do cliente. Criando uma satisfação rápida e mostrando excelência de atendimento.

Hoje, as pessoas querem respostas em *real time*, isso aumenta demais a possibilidade de venda e em minutos vai diminuindo a conversão de vendas pelo tempo de espera ou a satisfação do cliente diminui pelo tempo de resposta.

No marketing 5.0, os profissionais de marketing vão precisar aprender a trabalhar com novas ferramentas e plataformas digitais, cada vez mais, o uso de inteligência artificial (IA), *business intelligence*, e aprender a criar estratégias baseadas em algoritmo, robótica, sensores de internet das coisas (IoT), realidade virtual como 3D ou realidade aumentada, processamento de linguagem natural como Alexa e Siri, nutrição de *leads*, *inbound* marketing, ferramentas de automação, ferramentas de segurança, como *blockchain*, marketing e integrações de dados entre sistemas, *big data*, reconhecimento biométrico, voz ou facial.

Os objetivos dessa nova era é unir os recursos tecnológicos a humanização, converter simples clientes em embaixadores da marca, apoiar causas justas e demonstrar responsabilidade ambiental e social, saber tocar as emoções dos clientes e gerar gatilhos fortes, utilizar o marketing sensorial e atingir todos os sentidos do cliente, envolver o cliente em inovação tecnológica, educar melhor o consumidor a utilizar o produto ou serviço.

Growth hacking

O conceito *growth hacking* surgiu em 2010, por intermédio do Sean Ellis (CEO da *growth* do Dropbox). Ele aplicou a sua ideia na busca para entender o crescimento acelerado de algumas empresas e percebeu alguns pontos coincidentes entre elas.

Primeiro, as empresas só se baseiam em dados reais, tudo tinha que ser comprovado por meio de números ou pesquisas. Essas empresas também investiam na heterogeneidade da sua equipe, era comum encontrar pessoas criativas juntamente com pessoas de exatas e com pensamentos analíticos e as empresas não ficavam apenas no marketing tradicional, mas investiam em novas maneiras de lançar suas marcas e produtos para o mercado. Tudo era feito de maneira controlada e testada, a etapa seguinte só ocorria quando a etapa anterior era devidamente testada e aprovada.

Growth hacking passou a ser uma nova cultura de trabalho, com foco no desenvolvimento dos negócios, aplicando as boas práticas no negócio, sempre desenvolvidas por meio de testes e experimentações, ou seja, a empresa deveria investir em criatividade e desenvolvimento de novos negócios.

Está mais do que provado que para a empresa ter mais criatividade deve-se investir em diversidade, quanto mais pessoas diferentes comporem e equipe, mais projetos criativos irão surgir.

Considerando esse conceito, não adianta investir em uma equipe só de profissionais especialistas, porque o *growth hacking* não é uma ciência exata, mas sim, uma nova cultura, com novas ideias e novas maneiras de pensar "fora da caixa".

Para aplicar essa ferramenta deve-se definir claramente qual o objetivo ou problemas a ser solucionado, pode-se iniciar com um *brainstorming* que ajudará apontando soluções, lembrando que, caso muitas soluções apareçam, será preciso um filtro das mesmas pessoas que participaram do *brainstorming*, ou seja, pessoas que determinem quais a principais ideias deverão ser aplicadas e qual a maneira mais fácil, barata e rápida de testá-la e aplicá-la.

Conforme ocorram as aplicações, automaticamente aprende-se com os resultados, sendo assertivos ou não. Esse aprendizado deverá ser aplicado às novas ações e novos testes até que se chegue ao ponto desejado.

Desse modo, a ferramenta aparenta ser bastante simples, e é mesmo, porém, é preciso ter disciplina na aplicação das ideias, entender a ordem dos fatores e as execuções. Seguindo esses passos, os resultados começam a surgir.

O crescimento dos resultados da organização é o único caminho para quem aplica o *growth hacking*, para isso, trabalhamos os preceitos de:

- Aquisição.
- Ativação.
- Receita.
- Retenção.
- Indicação de clientes/pacientes.

Considerando o nosso foco em saúde, infelizmente, a maioria das empresas não passa da aquisição, não dando a continuidade necessária aos passos seguintes, isso causa uma miopia nos resultados e consequentemente, o não cumprimento dos objetivos, que podem causar uma perda financeira de pacientes e uma percepção errada do conceito.

Métrica norte

Outra possibilidade é aplicar o que foi chamado de métrica norte. Ela amplifica as ações da empresa e aponta para o crescimento. É primordial que as ações estejam centradas no que mais importa, o resultado.

Aqui pode entrar a quantidade de pacientes ativos em determinado período, *leads* qualificados (preenchimento de dados) respeitando a LGPD, a quantidade de visitantes únicos às plataformas digitais da clínica ou hospital.

O foco é fazer a diferença para a organização, por exemplo, dados que impactem diretamente na receita. Essas informações devem ser transparentes e de fácil compreensão, lembrando que qualquer problema ou desvio no processo deverá ser corrigido de imediato.

Não esqueça que a experimentação é o motor de propulsão e com ela conseguimos ter clareza do que está dando certo e o que precisa ser corrigido.

Considere alguns motivos para se aplicar esse conceito na área de saúde

- Vários crescimentos pequenos da sua clínica são mais fáceis e controláveis que um único crescimento grande. Não fique perdendo tempo querendo dar um tiro único de canhão, o investimento deve estar na capilaridade dos negócios, acerte um pouco, mas acerte em muitos negócios, isso fará muita diferença para a sua organização. Mantenha-se sempre saudável financeiramente.

- Capilaridade nas ações da clínica permitirá estar sempre colhendo resultados, algumas podem demorar mais que outras, porém, o volume de ações garantirá resultados frequentes.

- Todo aprendizado poderá ser aplicado em novas ideias, alguns experimentos darão errado e outros darão certo, todas as possibilidades ajudarão para que os próximos projetos tenham um índice de acerto maior.

Organizações e profissionais de saúde alcançarão um melhor resultado quando aplicarem o *growth hacking*, por exemplo:

- Clínicas novas em processo de estruturação, das quais, os processos ainda estão se moldando, a fim de melhorar a qualidade do atendimento aos pacientes, por exemplo, devem aplicar o *growth hacking* e testar processos de captação de novos pacientes, atendimento, indicação, aumento de *ticket* médio, aumento do *lifetime value* e eliminando o que não está dando certo, sendo assim, investindo no que realmente vale a pena. Lembre-se de que a satisfação do paciente é o mais importante, assim ficará claro quais recursos deverão ser investidos e qual a percepção de futuro para cada processo.

- Clínicas em processos de maturidade, que já estejam devidamente instaladas. O foco deverá ser na implantação dos novos processos e na correção dos processos existentes, nesse caso, o conceito deverá ser aplicado e sendo assim, decidindo as decisões futuras.

- Clínicas estruturadas e consolidadas com os processos claros e bem definidos deverão investir na melhor eficiência, nesse caso, é indispensável aplicar o *growth hacking* para garantir a melhoria contínua e a melhor aplicação dos recursos.

Resumindo, o conceito *growth hacking*, consiste em um processo contínuo de melhorias e estruturação da organização.

Trata-se de ações contínuas de marketing na busca de eficiência, para controle do crescimento saudável da clínica ou hospital.

Por fim, a equipe de profissionais de saúde perceberá as melhorias e trabalharão com mais agilidade, engajamento e buscando os resultados sustentáveis.

Estrutura simples do *growth hacking*

- **Ideia:** é fábrica de ideias *brainstorming*.
- **Modelagem:** foco nas ações definidas como prioritárias.
- **Teste:** campanhas de marketing e testes A/B e com remodelação do modelo de campanhas de marketing.
- **Resultado:** análise dos resultados e diagnósticos.
- **Próximos passos:** definição clara de continuidade e próximos passos com planos de ações.

Como fazer *growth hacking* em 5 passos

Ideia
Faça um brainstorming para levantar problemas e oportunidades de melhoria no seu negócio.

Modelagem
Defina a hipótese de experimento (o que será feito, resultado esperado, pessoas e ferramentas envolvidas, métricas que serão analisadas).

Teste
Planeje bem as etapas, configure o experimento, teste o funcionamento e acompanhe os resultados e as vendas.

Resultados
Verifique se os resultados validaram a sua hipótese e escreva os aprendizados que você teve realizando o experimento.

Próximos passos
Se o experimento deu certo, é importante aplicá-lo de forma escalada, para que o aprendizado não fique restrito ao experimento. Repita os melhores testes de forma a escalar os resultados da sua campanha de marketing digital.

Figura 3.3. Growth hacking *em 5 passos.*

4
Marketing na área da saúde e legislação

O marketing na área de saúde é diferente de outros segmentos de mercado, é muito importante estar atento à legislação vigente, de maneira que a entrega do serviço seja feita com a prioridade na ética profissional. Vamos ensinar ao leitor em um breve capítulo as normas que devem ser seguidas, para não sofrer um processo ético, devido a uma campanha de marketing digital que não se atendeu a essas regras.

A seguir a legislação a serem observadas:

- Resolução do Conselho Federal de Medicina (CFM) nº 1499/98 (proibição da prática de terapias não comprovadas cientificamente).
- A Resolução 2.126/2015 define o comportamento adequado dos médicos nas redes sociais e proíbe a divulgação de técnicas não consideradas válidas pelo CFM.
- Resolução do CFM, a telemedicina foi autorizada no dia 19 de março de 2020 em caráter de exceção e continua valendo.

Todos os conceitos e informações deste livro seguem à luz do Código de Ética Médica, que pode ser acessado apontado a câmera de seu celular para o QR Code:

Código de Ética Médica – CFM (2019)

Além de qualquer outro entendimento emanado pelas organizações de classe (CRM, CFM, AMB etc.) e esses conselhos podem sofrer atualização em qualquer instante.

Vamos iniciar com a citação do Capítulo XIII do Código de Ética Médica, que diz respeito à publicidade médica.

É vedado ao médico:

Art. 111. Permitir que sua participação na divulgação de assuntos médicos, em qualquer meio de comunicação de massa, deixe de ter caráter exclusivamente de esclarecimento e educação da sociedade.

Art. 112. Divulgar informação sobre assunto médico de maneira sensacionalista, promocional ou de conteúdo inverídico.

Art. 113. Divulgar, fora do meio científico, processo de tratamento ou descoberta cujo valor ainda não esteja expressamente reconhecido cientificamente por órgão competente.

Art. 114. Anunciar títulos científicos que não possa comprovar e especialidade ou área de atuação para a qual não esteja qualificado e registrado no Conselho Regional de Medicina.

Art. 115. Participar de anúncios de empresas comerciais, qualquer que seja sua natureza, valendo-se de sua profissão.

Art. 116. Apresentar como originais quaisquer ideias, descobertas ou ilustrações que na realidade não o sejam.

Art. 117. Deixar de incluir, em anúncios profissionais de qualquer ordem, seu nome, seu número no Conselho Regional de Medicina, com o estado da Federação no qual foi inscrito e Registro de Qualificação de Especialista (RQE) quando anunciar a especialidade.

Parágrafo único. Nos anúncios de estabelecimentos de saúde, devem constar o nome e o número de registro no Conselho Regional de Medicina, do diretor técnico.

Resumidamente as organizações de saúde devem focar no Código Brasileiro de Defesa do Consumidor, CODAME (Comissão de Divulgação de Assuntos Médicos), resoluções do CFM, Conselho Nacional de Autorregulamentação Publicitária (CONAR – Anexo G que regulamenta as atividades na área de saúde) e LGPD (Lei Geral de Proteção de Dados) que será abordado mais adiante neste livro. Outras categorias, na área da saúde, devem seguir as normas sobre publicidade e marketing dos seus conselhos.

Manual de publicidade médica – CFM (2011)

As normas têm que ser seguidas, esses setores são responsáveis por regular a comunicação das instituições de saúde ou profissionais do setor, garantindo o respeito aos direitos do paciente e da sociedade como todo.

Lei Geral de Proteção de Dados (LGPD)

A LGPD, lei nº 13.709/18, regula o tratamento e as atividades dos dados pessoais, ela faz parte do marco civil da internet. Ela estabelece regras, impõe a obrigatoriedade de proteção de dados e penalidades em suas diretrizes.

Para o segmento de saúde, existem diretrizes específicas, como os dados e informações de pacientes devem ser autorizadas, antes de serem recolhidas e armazenadas em prontuário médico. Caso aconteça vazamentos de dados dos pacientes, a instituição ou profissional de saúde, pode ser punida com multas calculadas em cima do faturamento da pessoa jurídica, que pode chegar até 50 milhões de reais, e dependendo da infração pode ter as atividades dos profissionais e instituições suspensas parcial ou total, e ainda ter que prestar esclarecimentos a Autoridade Nacional de Proteção de Dados (ANPD), que é a organização responsável pela fiscalização da LGPD no Brasil.

Os profissionais de saúde precisam adequar-se a essa nova legislação:

- Identificar todos os dados armazenados e coletados pela instituição ou profissional de saúde.
- Verificar todos os usuários que têm acessos a esses dados dos pacientes.
- Investir em sistema de armazenamento monitorado e seguro na nuvem.
- Ter uma pessoa responsável pela assistência técnica e tirar dúvidas de pacientes quando houver.
- Os dados cadastrais como operadoras de saúde, registros gerais dos prontuários, tratamentos, intercorrências, alergias, histórico de saúde, medicamentos usados, tipo sanguíneo, termo de consentimento e histórico de doenças familiares estão seguros e armazenados em um servidor seguro.
- Transformar todos os arquivos físicos em digitais.
- Integrar todos os sistemas em nuvem e ter acesso apenas a colaboradores autorizados e de confiança com o rastreio de IP e LOG das atividades de todos os usuários no sistema.

Lei federal de proteção de dados.
Presidência da República do Brasil (2018)

- Comunicação no site e de fácil acesso para os pacientes de como a instituição ou profissional de saúde assegura seus dados.
- Reuniões e palestras para os colaboradores, a fim de educar e informar a importância da proteção de dados dos pacientes dentro da instituição.
- Informar para o paciente que ele pode ter acesso a todas as informações, alterar suas informações ou deletar do sistema, caso for de sua vontade.
- Termo de autorização e consentimento de coleta de dados.
- Apresentar para os pacientes que esses dados estão presentes nas ações de marketing como cookies, e-mails, aplicativos, IP (*internet protocol*), número que identifica o dispositivo na rede, *advertising ID* como *pixel*, *tags*, *cookies*, dados de geolocalização, perfil e histórico de consumo, preferências e dados cadastrais dos pacientes.

Segue o exemplo de excelência do termo de consentimento público para tratamento de dados do Hospital Israelita Albert Einstein.

Figura 4.1. Termo de consentimento para tratamento de dados. Fonte: Site oficial do Hospital Israelita Albert Einstein (2021). https://www.einstein.br/consentimentos

Conselho Nacional de Autorregulamentação Publicitária (CONAR) – Anexo G

A publicidade não poderá anunciar

- A cura de doenças para as quais ainda não exista tratamento.
- Métodos de tratamentos e diagnósticos ainda não consagrados cientificamente.
- Especialidade ainda não admitida para o respectivo ensino profissional.
- A oferta de diagnóstico e/ou tratamento à distância (autorizado em caráter de exceção desde 19 de março de 2020) .
- Produtos protéticos que requeiram exames e diagnósticos de médicos especialistas.

A propaganda dos profissionais não pode anunciar

- O exercício de mais de duas especialidades.
- Atividades proibidas nos respectivos códigos de ética profissional.

A propaganda de serviços hospitalares obrigatoriamente deve mencionar a direção responsável técnico.

A propaganda de tratamentos clínicos (p. ex.: emagrecimento, plástica) será regida pelos seguintes princípios

- Deve estar de acordo com a disciplina dos órgãos de fiscalização e governamentais.
- Precisa mencionar a direção médica responsável.
- Deve dar uma descrição clara e adequada do caráter do tratamento.
- Não pode conter testemunhais prestados por leigos.
- Não pode conter promessa de cura ou de recompensa.

Comissão de Divulgação de Assuntos Médicos (CODAME)

Sites e blogs, não são vistos como autopromoção e sim, um espaço que, por meio da sua autoridade no assunto, estabelece uma relação de confiança com os pacientes. Porém, o blog não deve ser espaço para prestar consultas ou dar qualquer tipo de prescrição medicamentosa.

As redes sociais se tornaram uma ferramenta indispensável para as estratégias de comunicação. Nas redes sociais, são permitidos *posts* sobre tratamentos ofertados, conter endereço e número de telefone e ser um canal interativo com pacientes. Entretanto, assim como no caso dos blogs, não há a possibilidade de oferecer consultoria e ainda é preciso um cuidado na redação para que o conteúdo não se torne sensacionalista, ao ponto de promover a cura ou tratamentos milagrosos.

Especialidades e títulos, divulgar o seu currículo é uma ótima maneira de transmitir confiança e conquistar autoridade dentro da sua área de atuação. Contudo, a publicação das especialidades e títulos acadêmicos deve ser feita com uma certa reserva. Nos anúncios em geral, só são permitidas duas especialidades e os títulos acadêmicos devem possuir registro no Conselho Regional de Medicina (CRM). O Conselho Federal de Medicina (CFM) veta qualquer divulgação de qualificações que não estejam registradas nos órgãos competentes.

Prêmios somente são permitidos aos médicos, quando concedidos por instituições acadêmicas ou órgãos públicos de pesquisa. São proibidos os reconhecimentos que visam a promoção pessoal como "melhor do ano" ou "médico destaque", pois eles também soam como propagandas sensacionalistas.

Material publicitário, tanto as utilizadas no consultório, quanto para divulgação externa, devem conter informações como o nome do médico, CRM, especialidades e registro de qualificação de especialista (quando houver). Uma dica importante nesse caso é manter a identidade visual para que seja criada uma identificação dos pacientes com a sua marca.

Anúncios, o CFM veta completamente a participação do profissional em anúncios de produtos de qualquer natureza. A proibição também se estende a entidades políticas como associações médicas ou sindicais.

Entrevistas são permitidas por terem papel de divulgação de conhecimento científico e esclarecimento da sociedade. No entanto, elas não podem ter o objetivo de autopromoção e o profissional não deve receber cachê.

Preço, os anúncios não devem conter preço, modos de pagamento aceitas, nem a promoção de descontos especiais, por qualquer motivo que seja.

Os equipamentos clínicos, os médicos estão liberados para anunciar equipamentos de seus consultórios, desde que a divulgação não associe o seu uso à promessa de resultados.

Fotos de pacientes é vetado o uso de qualquer tipo de fotografia, inclusive *selfies* com pacientes em material promocional, independentemente da sua origem. As fotografias contendo resultados são permitidas apenas em eventos científicos.

Empresas e profissionais que trabalham e se comunicam, seguindo a regulamentação vigente, conseguem se destacar no meio e concentram suas energias em ações no mercado de atuação, por exemplo, foco na análise das fraquezas e oportunidades da comunicação que devem ser aprimoradas ou ampliadas em uma clínica, hospital, laboratório ou farmácia.

Ser ético e seguir as normas é muito mais do que uma ferramenta de venda, é, na verdade, uma ciência que ajuda a organização a desenvolver-se melhor, entender a sua posição no mercado, por meio de pesquisas, controle, escolhendo os canais digitais e os meios de divulgação, criando estratégias para captação e fidelização de pacientes, entender o que pode ser feito diferente a partir dos resultados. Com foco em fidelização, aumento de faturamento, crescimento da percepção da credibilidade perante a sociedade.

O que faz um paciente escolher uma clínica mais cara, em vez de uma mais barata, mesmo que talvez os serviços sejam os mesmos? O valor percebido! O marketing é o que vai ditar.

É uma questão de valor! Não adianta nada ter uma clínica ou hospital com um serviço impecável se ninguém a reconhece. Se você tem qualidade, mas não tem um espaço para mostrá-la, uma clínica talvez com serviço inferior, mas com bom marketing, consiga.

Um indicador estável de que o marketing da sua empresa está funcionando e no caminho certo é a fidelização e indicação dos clientes. Porque se o objetivo do marketing é lidar com a relação paciente-profissional-instituição e o paciente permanece ali, e o melhor, satisfeito, então é porque a clínica está fazendo algo certo. Ao descobrir o quê (e é o papel do marketing fazer isso), novas estratégias podem ser lançadas ou redesenhadas para atingir e ampliar para mais pessoas.

A comunicação na área da saúde precisa ser muito cautelosa, pois vende o bem mais precioso do mundo, "saúde".

Todo o conteúdo precisa ser focado a informar benefícios e bons hábitos da saúde, prevenção de doenças, atributos que aumentem a credibilidade, confiança dos profissionais de saúde, instituições de saúde com os pacientes e a comunidade como um todo.

Não pode promover descontos, informações e conteúdos que prejudiquem a saúde das pessoas, tratamentos sem eficácia, imagens chocantes, expor os diagnósticos de pacientes, comunicar práticas e medicamentos não certificados pelos órgãos reguladores, divulgar informações que causam pânico e medo na sociedade.

PARTE 2
Construção de Marketing Pessoal e Empresarial

5

Identidade visual digital

Marketing pessoal é importante para qualquer profissional, porém, quando se trata de marketing pessoal de médico, como vimos no Capítulo 4, alguns cuidados devem ser tomados com relação as regras da Comissão de Divulgação de Assuntos Médicos (CODAME) e do Conselho Nacional de Autorregulamentação Publicitária (CONAR). Marketing pessoal nada mais é do que o uso de estratégias de marketing que fazem com que seja percebido os seus diferenciais. Digamos que você como profissional médico e na sua preparação acadêmica tenha feito mais especialidades, cursos complementares, tenha competências que fazem a diferença no resultado do serviço prestado para o seu paciente, não é justo que ele saiba disso? Parece legitimo e de direito do paciente que ele tenha acesso as informações do médico que o atenderá. Para isso, o marketing oferece uma série de ferramentas que podem ser aplicadas, respeitando todos os preceitos que a profissão merece, conforme o Código de Ética Médica.

Alguns pontos importantes para o marketing pessoal do médico

- **Foco:** faz toda a diferença quanto a objetividade da sua argumentação junto ao paciente, o médico que é pontual nos seus compromissos e demonstra foco durante o atendimento ao paciente, com argumentações técnicas e demonstração de profundo conhecimento técnico, automaticamente, já é valorizado. É importante aplicar o que chamamos de "escuta ativa", que é uma técnica que consiste em escutar atentamente o paciente, não só com os ouvidos, mas com todos os sentidos, enquanto o paciente fala sobre a sua questão de saúde, o médico deve anotar as questões mais importantes, movimentar a cabeça demonstrando estar entendendo e acompanhando o raciocínio, evitar interrupções para não quebrar a ideia argumentada pelo paciente, somente após a conclusão, deve-se perguntar e colocar a opinião profissional, é importante nunca deixar dúvidas no ar, seja por parte do paciente, ou por parte do médico.

- **Comunicação:** é importante saber que, em um processo de comunicação, temos o emissor e o receptor, e entre eles há um canal de comunicação (pode ser verbal, sinalização corporal, escrita, e-mail, ligação telefônica, WhatsApp, vídeo, áudio etc.) e, nesse canal, podem ocorrer diversos ruídos, que podem fazer com que o receptor entenda alguma informação diferente do que o emissor quis transmitir. Sendo assim, o médico deve ser claro e didático na comunicação, deve evitar palavras técnicas que sejam pouco conhecidas por pessoas sem formação em saúde.

- **Postura:** lembre-se que o médico é o maior especialista em saúde, e os pacientes quando buscam esse profissional, muitas vezes, colocam suas vidas em suas mãos. Quanta responsabilidade! A imagem do médico tem que ser impecável, e essa imagem deve se multiplicar em todas as plataformas, tem que estar explícita nas redes sociais, nas entrevistas, na formação e na vida social. Faça com que a sua imagem seja irrepreensível, não dê chance alguma para que arranhem a sua imagem. O médico tem que ser o cidadão modelo. Essa postura refletirá nos resultados do seu trabalho.

- **Relacionamento:** é bom e saudável a presença do médico em eventos médicos, que esteja disposto a participar e se mostrar, não deixe que oportunidades passem, quantos eventos for convidado participe e quando precisar explore a sua *network*. Eventos sempre buscam profissionais médico conceituados, torne-se referência no assunto que mais domina. Relacione-se com outros profissionais, troque informações e crie uma relação de confiança.

Ou seja, o marketing pessoal está dentro de você, aproveite cada oportunidade e seja um profissional exemplar e desejado.

Identidade visual digital do consultório, clínica ou hospital

O planejamento estratégico de marketing é essencial para o sucesso de uma marca, por isso, além das estratégias e ações propostas pela equipe, a reformulação ou criação de uma boa identidade visual, tornam os resultados mais eficazes. Esse processo requer um complexo estudo imagético, simbologia e semiótica, baseados em conceitos de psicologia, arte, design e psicanálise.

A marca de uma clínica, hospital ou consultório ou do próprio médico é parte fundamental da comunicação visual que se deseja passar. Para chegar a um resultado é preciso uma leitura completa e profunda de todo o significado e simbolismo que pode ser transmitido pela marca. A ideia é entender o que significam marca, logotipo e *branding*, e, com isso, aplicar valor na criação de um logotipo.

Marca

A marca é um atributo que tem, essencialmente, a função de identificar o produto, diferenciando-o da concorrência. Na verdade, muitos produtos são absolutamente idênticos até o momento em que lhes é atribuída uma marca. Ela é uma das ferramentas mais importantes para comunicar o posicionamento do produto na mente dos consumidores e posicionar um produto é atribuir valor a sua identidade e marcar sua presença no mercado. Por exemplo, a marca pode ajudar a comunicar atributos ou benefícios do produto.

Quando falamos de marca nominal, estamos falando de uma palavra que remete ao produto. Doril, por exemplo, remete claramente a um medicamento para dor de cabeça. No entanto, sempre que Doril expõe a marca, ela usa o símbolo da marca.

Figura 5.1. *Logotipo Doril. Fonte: Retirado do site oficial da Doril.*

O símbolo da marca é a forma gráfica complexa, com a qual a marca é exposta no mercado. Os profissionais chamam isso de logotipo. Ou seja, a marca é a junção do logotipo, da identidade visual e do posicionamento de mercado de um produto.

Branding

Branding é quando uma marca está sendo valorizada por um grande conjunto de pessoas, em função do que ela representa. O *branding* é a disciplina atual, que auxilia a construção de valores de uma marca junto ao seu público. (Comunidade da marca). Pense em uma marca, além de pensar no nome, nas cores, letras, formas, sons você também pensou em sensações e lembranças. Por exemplo, quando se pensa em hastes flexíveis com algodão nas pontas, o primeiro nome que vem à cabeça é "cotonete". A marca reforçou tanto sua presença de mercado por anos que se tornou o próprio nome do produto.

Criação de logotipo

Um logotipo é a representação simbólica visível de um conceito. Ele traduz, de forma gráfica, o nome fantasia de uma empresa, instituição ou empreendimento. Pelo estudo dos princípios do design, o logotipo torna-se um produto gráfico que carregará a imagem de uma marca. Ao contrário do que se pensa, existe uma diferença entre logotipo, marca e logomarca.

A marca, como vimos anteriormente, é a junção entre o logotipo e a identidade visual, ou seja, é formada pelo conceito simbólico e toda a comunicação visual que a empresa deseja passar em sua imagem. Ela funciona como um RG, pois traduz, além da parte gráfica, a missão, valores, visão, os consumidores e o seu mercado de atuação.

Já a logomarca é um termo não usual no mercado de publicidade e design nos tempos de hoje. Ele foi inventado no Brasil como modo de naturalizar o termo "logotipo" na língua portuguesa, porém a tradução foi feita de maneira equivocada. O termo *logo*, vem do latim *logos*, que significa significado, conceito e a palavra marca, oriunda do germânico *marka*, também possui o mesmo significado. Desse modo, o termo logomarca pode ser considerado praticamente um gerúndio traduzido, pois significa "significado do significado". Por isso, no decorrer do texto, usaremos os termos logotipo, marca e identidade visual.

Dentro do processo de produção de um logotipo, o designer procurará estudar desde o segmento de mercado em que a marca está inserida, até elementos básicos do designer e da psicologia e é por eles que começaremos nossa análise desse trabalho prático, por meio de um estudo de caso fictício.

Em um departamento de criação, foi recebida a missão de criar do zero, a identidade visual de uma clínica médica de serviços gerais, que entrou recentemente no mercado. Seu dono tem como seu princípio básico, o atendimento humanizado e o amor pela medicina. Desse princípio, partimos da ideia de que a marca precisa passar uma identidade acolhedora, (pois prioriza o atendimento humanizado), e confiável, (pois está iniciando suas atividades de mercado e precisa conquistar sua fatia de *market share*[1]).

Para chegar nesse resultado de significados, o designer, primeiramente, procurará formular uma combinação de elementos gráficos, que trarão toda essa associação dentro da psique e das sinapses do consumidor. Nessa construção, é de extrema importância que esses elementos possuam um equilíbrio visual e um padrão imagético para que toda a identidade faça sentido. Podemos dividi-los em três principais: a cor, a tipografia e o símbolo.

Tabela de cor

Escolher a cor que representará um projeto nem sempre é uma tarefa fácil. Cada segmento de mercado costuma ter um certo padrão de cores, porém, o ideal é estudar e entender como cada uma dessas cores impactam no cérebro humano e por fim, saber combinar esse código simbólico de maneira efetiva.

Dentro do mercado da saúde, as cores mais usuais são o branco, o verde e o azul, pois provocam no cérebro algumas sensações primordiais para que um paciente se sinta seguro e confortável no ambiente clínico.

Figura 5.2. *Cor branca. Fonte: Elaborada pelos autores (2021).*

---

1 *Termo usado para definir a porcentagem de fatia de mercado que uma marca possui.*

A **cor branca** está diretamente ligada à limpeza, higiene, honestidade, transparência e segundo Jorge Curi, vice-presidente da Associação Médica Brasileira (AMB), com um uniforme ou ambiente de cor clara, por exemplo, podemos observar melhor a necessidade de manutenção da limpeza dos mesmos, evitando a transmissão de doenças e infecções no ambiente de atendimento.

Figura 5.3. *Cor verde. Fonte: Elaborada pelos autores (2021).*

A **cor verde** para o cérebro humano está diretamente atrelada a sentimentos como a perseverança e o orgulho. Em muitas culturas é vista como sinal de boa sorte e nos remete a um contato direto com a natureza, o primeiro berço da humanidade, por isso, o verde provoca sensações como conforto, acolhimento e generosidade. Por ser uma cor fria, ela também se encontra diretamente ligada à higiene, à vitalidade, ao frescor e ao bem-estar.

Figura 5.4. *Cor azul. Fonte: Elaborada pelos autores (2021).*

O **azul sempre** foi uma das cores mais difíceis de se extrair na natureza, por isso, até a Revolução Industrial, era diretamente ligada à nobreza e à riqueza. Essa cor está associada a características como confiança, lealdade, fidelidade e profissionalismo, o que provoca na psique a ideia de calma, serenidade e tranquilidade ao consumidor. levando em conta que o ambiente clínico costuma ser para um paciente associado a dor, impaciência e ansiedade, ter um estímulo subliminar ligado a calma torna-se um excelente antídoto.

Apesar da constante utilização dessas cores no setor médico, nada impede que o designer saia dessa linha tradicional e arrisque associações com outras tonalidades, o que também pode trazer significados importantes para a mensagem que a marca deseja transmitir. Além do mais, existem diferentes escalas tonais de azul, verde e cores neutras claras próximas do branco, e a má combinação desses contrastes pode ocasionar um desequilíbrio visual.

Por isso, além dos estudos, existem ferramentas muito eficientes para criação de uma combinação de cores harmônicas e equilibradas. Uma plataforma *on-line* extremamente conhecida para a produção dessas paletas de cores é a Adobe Colors. Com ela, conseguimos a partir de uma cor principal, definir diferentes composições cromáticas, baseada na teoria das cores.

Figura 5.5. *Interface da plataforma Adobe Colors. Fonte: Adobe (2021).*

Dentro do mundo do design digital, as cores possuem um código de registro, e por meio desse código, o designer pode replicar a cor do projeto em diferentes materiais, tanto digitais, quanto gráficos.

CMYK ou **escala Pantone** para materiais impressos e gráficos.

RGB é utilizado para peças e materiais digitais.

Dominar essas duas linguagens e saber transacionar um tom de uma para a outra é de extrema importância para evitar erros de cor no resultado do projeto. Como aqui estamos tratando de materiais mais voltados para o digital, usaremos o padrão RGB. Dentro da plataforma, no canto inferior esquerdo, você pode encontrar a configuração do modo de cor, alterando, conforme a demanda do seu projeto.

Figura 5.6. *Área do ajuste do modo de cor. Fonte: Adobe (2021).*

Após ajustar o modo de cor, partimos para a escolha da cor principal do projeto. Para a nossa clínica fictícia, o designer escolheu um tom de azul claro.

A partir desse código, o aplicativo define diferentes paletas baseadas na cor principal do projeto e caso o editor utilize alguma ferramenta oficial da Adobe em seu trabalho, a paleta pode ser salva automaticamente na biblioteca criativa do seu aplicativo de edição.

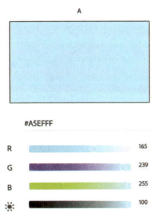

Figura 5.7. *Cor azul escolhida para o projeto. Fonte: Adobe (2021).*

Levando em conta que o dono da clínica fictícia é um homem discreto, reservado e mais maduro, a equipe optou por uma paleta monocromática, mais tradicional e sem contrastes muito exorbitantes.

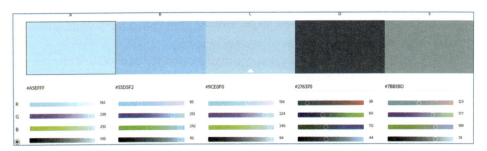

Figura 5.8. *Paleta de cor azul gerada para o projeto. Fonte: Adobe (2021).*

Após a definição da paleta de cores, chegou a hora de definir o próximo elemento gráfico.

Símbolo

O símbolo que compõe um logotipo é o carro chefe da comunicação visual de uma marca, por isso ele deve ser muito bem desenhado e elaborado. Estudar a simbologia das formas garante que a mensagem do projeto seja clara e o resultado não cause desalinhamento, nem duplos sentidos, que podem até mesmo beirar ao constrangimento.

Casos famosos de projetos de logotipo que deram errado.

Figura 5.9. *Exemplo 1 de logotipo errado. Fonte: https://publicinove.com.br/logotipos-que-deram-errado/*

Figura 5.10. *Exemplo 2 de logotipo errado. Fonte: http://www.tendencee.com.br/2020/05/esta-designer-corrigiu-os-9-piores-logotipos-do-mundo/*

Retomando o conceito passado pelo dono da clínica, a marca precisava transmitir confiança, fidelidade, acolhimento, humanização e amor pela medicina. No caso da simbologia, projetos de sucesso costumam ter um elemento simples, bem desenhado e de fácil associação, como o símbolo da UroScience, ou um elemento tradicional reformulado de maneira criativa. Uma borboleta formada pela composição de dois rins, órgãos que trabalham com filtros do fluido mestre de nossos corpos, o sangue. Remete à criatividade minimalista, à simplicidade necessária para entender o complexo. As cores confrontam a escuridão e pior a zona cinzenta da dúvida, iluminada pela ciência representada pelos diversos tons de vermelho (sangue) e laranja, remetendo a compreensões, por vezes incompletas, mas que avançam o conhecimento e nos afastam da escuridão ou da perigosa zona cinza repleta de incertezas.

Projeto de identidade visual da clínica UroScience.

Figura 5.11. *Logotipo UroScience. Fonte: Fornecida e autorizada pelo autor (2021).*

Tipografia

A escolha da tipografia de uma marca pode ser o processo mais complexo por trás da criação de um logotipo. Isso porque, as formas das letras devem casar-se de maneira exata com o desenho simbólico da marca. Por isso, alguns criadores optam por desenvolver uma tipografia própria para o seu projeto. Em muitos casos, a tipografia pode tornar-se o símbolo de uma marca, por ter um desenho único e original.

Figura 5.12. *Logotipo Instituto Pocallet. Fonte: Fornecida pela detentora da marca Priscilla.*

Para o projeto da clínica MEDICAL CORP, o designer optou por uma família tipográfica mais moderna, casando as letras com o símbolo lúdico e descontraído. Para finalizar, foi feita uma brincadeira com a letra "O" de "Corp", que se encontra ligeiramente para a esquerda da palavra, dando a impressão de que o estetoscópio está auscultando o coração da marca.

Figura 5.13. *Logotipo MEDICAL CORP. Fonte: Elaborada pelos autores (2021).*

O conceito do logotipo é associar o trabalho do médico ao amor pela profissão. Para isso, usamos uma ferramenta médica fundamental que é o estetoscópio, contornando o formato de um coração. As cores escolhidas simbolizam o profissionalismo e o compromisso do trabalho médico, a confiança e a fidelidade na relação com o paciente.

Formatos digitais

Após a criação da marca, outro processo importantíssimo é a criação de conteúdo que alimentará as redes sociais. Eles são a porta de entrada para o paciente iniciar o primeiro contato com a empresa.

A padronização da identidade desses conteúdos, com base nos conceitos visuais desenvolvidos para a marca, é fundamental para impactar e cativar a memória do público-alvo. Para que haja uma visibilidade abrangente, a marca deve procurar anunciar nas plataformas correspondentes às que o seu público-alvo usa, sempre adaptando sua campanha de maneira responsiva. O design responsivo é essencial para quem procura divulgar em diferentes formatos digitais, pois com ele, é possível adaptar um conceito visual de campanha inteiro em diferentes veículos. Por exemplo, uma arte para o Instagram que será postada no *feed*, possui dimensão de 1080 x 1080 px. Caso queira replicar essa arte para o *stories*, é preciso readaptar a mesma arte para o tamanho de 1080 x 1920 px. Veja o exemplo a seguir.

Figura 5.14. *Formatos para Instagram. Fonte: Elaborada pelos autores (2021).*

Dentro de cada conteúdo, o conceito visual de campanha se manteve, porém, para cada rede, a arte produzida foi adaptada ao formato correto de cada plataforma, sem perder a qualidade. No mundo digital, as plataformas mais utilizadas para divulgação são o Facebook, YouTube, Instagram, o WhatsApp e o e-mail marketing, porém, se julgar producente, a marca pode fazer divulgação em outras plataformas como LinkedIn, Twitter e o TikTok.

Figura 5.15. *Formatos para WhatsApp. Fonte: Elaborada pelos autores (2021).*

Figura 5.16. *Formatos para o Facebook. Fonte: Elaborada pelos autores (2021).* Continua...

Continuação

Figura 5.16. Formatos para o Facebook. Fonte: Elaborada pelos autores (2021).

Figura 5.17. *Formatos para o Twitter: Fonte: Elaborada pelos autores (2021).*

O profissional de saúde pode e deve se posicionar e comunicar informações relevantes sobre saúde. Orientar e ajudar as pessoas a entenderem sobre determinado assunto, um dos papéis dos profissionais de saúde é de levar informação à sociedade. Podem também mostrar nas plataformas sociais que trabalham no ambiente de saúde e podem compartilhar *posts* das redes oficiais das organizações.

Porém, profissionais de saúde não podem postar fotos dentro do hospital ou com o uniforme ou crachá (sem uma autorização por escrito). Também não podem tirar fotos com pacientes e acompanhantes, e nem criar e compartilhar perfis nas redes sociais em nome da organização. Entenda que tudo que pode expor a marca alheia, precisa ter autorização, você nunca sabe quem vai ver essas informações, mesmo os conteúdos publicados com as configurações de privacidade ajustadas para "apenas restritos" podem "vazar" e serem usadas contra você.

Fotos e vídeos

O ambiente digital para negócios é um espaço totalmente concorrido e disputado por diversas marcas em infinitos ramos. Para que uma empresa se destaque, é preciso que o departamento de criação produza material criativo e conceituado. Uma das maneiras de garantir um bom conteúdo é a produção audiovisual de alta qualidade.

Ter fotos e vídeos de qualidade profissional, além de aumentar a credibilidade da marca, perante os algoritmos de engajamento, resulta em uma maior replicação da campanha nas plataformas veiculadas. Plataformas digitais como o Instagram dão muito mais valor para conteúdos imagéticos e vídeos como *reels*, do que *posts* cheios de texto, por exemplo.

Para produzir um bom conteúdo é necessário possuir uma equipe de audiovisual qualificada e bons equipamentos. O domínio das funcionalidades de uma câmera, seus jogos de lentes, iluminação e pós-produção farão toda a diferença no resultado dos projetos.

Mas o que fazer para evitar erros que levem ao comprometimento do conteúdo? Primeiramente, é necessário procurar boas referências dentro do seu nicho de mercado. Analisar o produto da concorrência não é um pecado, desde que você tente analisar os caminhos que o levaram a seu resultado e tente superá-lo de uma maneira totalmente original. Por isso, procure por profissionais e empresas que te inspirem e estude o trabalho deles.

Segunda coisa, prepare-se com antecedência para o processo de produção de material. Caso a produção seja em um estúdio fotográfico ou locação, o ideal é que se faça uma pesquisa de orçamento, vendo qual espaço proporcionará o melhor custo-benefício para a sua empresa. Após essa definição e o agendamento do local, verifique com a equipe os equipamentos e profissionais necessários para a gravação. Nessa hora, coisas como tipo de câmera, lente, luz e contratação de atores, por exemplo, devem ser definidas e preparadas para que não ocorra nenhum transtorno. Uma técnica muito usada no cinema, por exemplo, é o *storyboard* ou o *briefing*.

Figura 5.18. *Storyboard de comercial na área da saúde. Fonte: https://www.storyboardthat.com.*

No *storyboard* de um vídeo ou filme, as cenas são pré-desenhadas, como uma história em quadrinhos, e embaixo de cada desenho há uma lauda técnica definindo as especificidades técnicas de cada cena. Dessa maneira, a produção terá uma guia mais detalhada de qual caminho seguir. Para fotografia, o *briefing* deverá conter referências visuais e as especificações técnicas necessárias para a organização de produção.

Caso a produção do material seja feita dentro da empresa, certifique-se da organização e limpeza do ambiente e de avisar aos funcionários sobre a produção para que eles se preparem. Lembre-se que esse material será a vitrine para a captação de pacientes e a primeira impressão normalmente é sempre a que fica na mente do consumidor. Evite lugares escuros, estreitos e contraluz. Certifique-se de objetos no ambiente que possam dificultar o corte da pós-produção, pois muitas vezes, o editor terá muito tempo tomado apenas para retirar um objeto desnecessário do enquadramento. Após todas essas conferências, chega a hora da gravação. Ligue os equipamentos, bata a claquete, luz, câmera e ação.

Escolha um bom cenário, de preferência claro e um que transmita ser um consultório amplo, moderno e bem decorado.

No dia da produção, sempre recomendamos a contratação de uma equipe profissional como diretor, iluminador, técnico de áudio, videomaker para captação, cenógrafo, figurinista, maquiador, atores, cabeleireiro e produtores. Em caso de *live streaming* é necessário a contratação extra da equipe de *streaming*, gerador, link de internet dedicado e internet remota paralela, em caso de perda de sinal e técnicos de informática que irão transmitir ao vivo.

Figura 5.19. *Estúdio fotográfico. Fonte: https://cinestudio.art.br.*

Figura 5.20. *Ensaio médico profissional. Fonte: Banco de imagens do FreePik.*

Figura 5.21. *Estúdio simulando um consultório médico.*

Figura 5.22. *Estúdio de gravação de vídeo. Fonte: http://estudiomatilde.com.br/empresa/.*

Figura 5.23. *Vídeo do Dr. Drauzio Varella. Fonte: https://www.youtube.com/user/drdrauziovarella.*

Criando seu site ou blog

Vamos a prática, primeiro registre seu site no Registro.br, aqui é importante escolher um nome que seja fácil para o paciente encontrar diretamente no navegador.

Figura 5.24. *Registro de domínio. Fonte: https://registro.br/.*

Após comprar o domínio, você irá precisar hospedá-lo em um servidor, indicamos a LocalWeb e a criação do site em WordPress, que apresenta uma fácil interface para atualização e boa indexação com o Google. Esse é o momento você cria o e-mail com o nome do seu domínio.

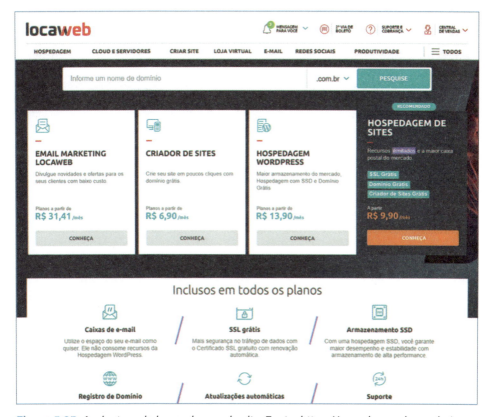

Figura 5.25. *Assinatura de hospedagem do site. Fonte: https://www.locaweb.com.br/.*

Apesar do advento das redes sociais, um site ou blog ainda possui grande relevância na formação de credibilidade e imagem de uma marca no mundo digital. Muitos consumidores entram em contato diretamente com o site, pois sabem que ali, muitas vezes, encontram informações muito mais detalhadas do que no Instagram da empresa.

Um site possibilita um detalhamento maior dos produtos e serviços ofertados, pois nele temos um espaço maior e mais receptivo para trabalho de texto. Ele pode ser lido como um portfólio digital de uma empresa, por isso, aproveite esse canal para esclarecer qualquer dúvida possível que possa surgir na cabeça de um cliente, ofereça serviços e assistências que possibilitem uma experiência de usuário excelente e, por fim, agilize e otimize o atendimento ao consumidor, todos esses itens agregam valor à marca.

Não existe uma fórmula perfeita para a criação de um site, pois cada empresa possui sua demanda específica quando contrata tal serviço, porém, existem alguns padrões de *layout* básicos que sempre estão em sites, a fim de facilitar a vida do consumidor.

Quando criamos um site, a primeira coisa que a equipe de desenvolvedores deve pensar são os caminhos que o usuário percorrerá no site. Um site é como um labirinto, onde a ordenação de página não pode travar, principalmente em áreas de presença de botões ou *hiperlinks*. Uma maneira estratégica de revisar essas passagens é pela prototipagem.

Prototipagem de um site *mobile first*, às telas e botões são desenhados e conectados como ligações eletrônicas:

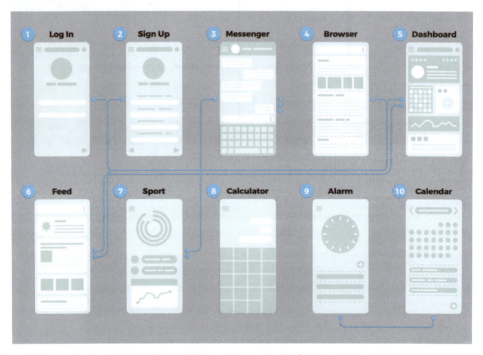

Figura 5.26. *Prototipagem site mobile. Fonte: https://br.freepik.com/home.*

Após a construção da mecânica do site, os desenvolvedores passam para a etapa do design de *front-end*. Nesse processo, são definidos o *layout*, as animações e imagens que tornarão o site muito mais atrativo. O site precisa seguir a identidade visual proposta pela marca, para que haja um padrão visual. Nessa parte o designer precisa pensar, tanto na responsividade, quanto no peso que seus recursos visuais terão no site. Se o site contiver arquivos com menos peso, mais rápido ele carregará suas páginas e mais bem ranqueado e ficará o seu SEO para as pesquisas no Google.

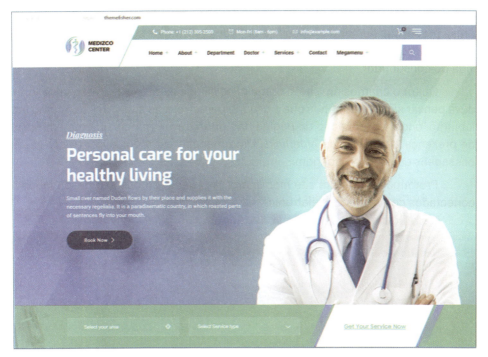

Figura 5.27. Exemplo 1 de site básico profissionais de saúde. Fonte: https://themefisher.com/medical-website-templates/.

Figura 5.28. Exemplo 2 de site básico profissionais de saúde. Fonte: https://pt.wix.com/website-template/view/html/1751.

Marketing Essencial para Médicos – Conecte-se com Seu Paciente   75

Dicas importantes para criação do *briefing* do site

- *Home* **principal**, fotos e vídeos que agreguem valor ao profissional de saúde ou a instituição.
- **Logotipo**, como já explicado anteriormente, no canto superior esquerdo ou direito.
- Não esqueça de utilizar a tabela de cor da identidade visual, para manter um padrão nas redes sociais e no site.
- Em caso de profissional autônomo, insira fotos de estúdio do profissional, dos consultórios e vídeos de apresentação de alta qualidade, podendo realizar vídeo com drones e fotos 360.
- **Botão de *call-to-action*** ou **botão de ação** para o telefone de agendamento, agenda *on-line*, WhatsApp ou para um formulário que leva para o CRM, como a RD Station.

Pedido de Orçamento por WhatsApp
Um botão flutuante aparece no canto da página escolhida

Fale conosco por WhatsApp
Um botão flutuante aparece no canto da página escolhida

Figura 5.29. *Botão de ação WhatsApp com CRM no site. Fonte: Resultados digitais (2021).*

- **Agenda *on-line*** como a solução da empresa iclinic, o paciente agenda direto pelo site sua consulta, o que facilita o departamento de agendamento.

Figura 5.30. *Agenda on-line. Fonte: www.iclinic.com.br.*

Figura 5.31. *Sistema de agendamento em nuvem. Fonte: https://blog.iclinic.com.br/agendamento-online-do-iclinic/.*

Páginas do site

- **Quem somos:** apresenta a especialidade da clínica ou dos profissionais, missão, visão e valores. Nessa página é um breve *release*. Pode contar um vídeo de apresentação e fotos.

- **Agendamento:** explicar dias e horários de atendimento, botões que facilitem ao paciente entrar em contato pelo WhatsApp, telefone ou sistema de agendamento *on-line*.

- **Profissionais:** apresentar os profissionais da clínica com registro nos conselhos, responsáveis técnicos e diretor técnico, currículo, fotos, vídeos, especialidades e diferenciais.

- **Tratamentos:** quais são os tratamentos, procedimentos, diagnósticos ou serviços em geral que está sendo ofertado no site.

- **Estrutura:** fotos dos principais ambientes como fachada, recepção, consultórios, centro de diagnósticos, centro cirúrgico, fotos aéreas e fotos 360, mostrando o local que o paciente irá encontrar, em caso de outras unidades, separar por bairro ou cidade.

- **Imprensa ou mídia:** artigos em blogs, revistas, TV e jornais, esse é o espaço ideal para inserir esse conteúdo.

- **Convênios e planos de saúde:** clínicas e profissionais credenciados com operadoras de saúde é importante informar as operadoras para os pacientes.

- **Artigos e blog:** importante gerar conteúdo informativo e preventivo para os pacientes, palestras, conteúdos de valor para informar e educar os pacientes sobre doenças e hábitos saudáveis.

- **Exames:** integração com entrega de laudos e resultados, ou apenas informar quais são os diagnósticos ofertados.

- **Contato:** nessa página é importante informar o horário de funcionamento, localização, telefone de contato, mapa, agendamento e ouvidoria.

- **Redes sociais:** botões com ícones de integrações indicando as redes sociais como Instagram, YouTube, Facebook e Twitter.

- **Selos de qualidade e acreditação:** na área de saúde existem diversos selos de qualidade, certificações e acreditações internacionais e nacionais divididos para áreas de atuação como: JCI, PNCQ, ONA etc.

O perfil e o *feed* perfeito

O melhor caminho é possuir um *feed* organizado, pois é necessário mostrar para as pessoas que vale a pena segui-lo, e então acaba sendo uma estratégia de engajamento e uma maneira de atrair mais seguidores para o seu Instagram.

Em muitos casos, encontramos o perfil perfeito em Instagram de blogueiras e influenciadores, porém, isso não é um privilégio direcionado apenas à alguns usuários e todos devem aderir, pois além de causar uma ótima primeira impressão, os *feeds* organizados transmitem profissionalismo, confiança e, claro, contribuem para o reconhecimento de marca.

Para ter o *feed* perfeito, primeiro de tudo, você precisa criar a sua identidade visual, ou seja, a sua própria marca, com as cores que você mais gosta, ajustar os destaques e a biografia de acordo com as suas preferências, mas sempre combinando com todos os quesitos.

Após isso, é necessário planejar as suas postagens e os seus conteúdos, ou seja, é necessário pensar na estética e no estilo de foto e vídeos:

- Você prefere fotos em preto e branco ou fotos mais vibrantes?
- Você prefere fotos minimalistas ou mais retrô?

Após pensar sobre como você gostaria que o seu *feed* fosse, agora precisamos pensar em um filtro semelhante para todas as fotos, pois a semelhança entre as fotos com o filtro deixa o perfil mais harmônico. Outra dica é padronizar as bordas para que não haja divergência de tamanhos.

A seguir estão alguns aplicativos que facilitam na edição e na organização de *feed* pelo celular iOS ou Android:

- VSCO.
- UNUM.
- Preview.
- Afterlight.

Estude os *insights* e produza mais conteúdos que deram mais curtidas, alcance e engajamento e poste nos horários ou sua ausência é maior.

O conteúdo é o rei

Como vimos nos capítulos anteriores, um dos denominadores mais cruciais para o sucesso nas redes sociais é o conteúdo produzido. Ele traduz a imagem, a linguagem e o valor da marca, com o mesmo poder de equivalência de uma identidade visual, podendo ser o ponto-chave do fracasso e o sucesso de uma empresa no meio digital. O conteúdo comunica, entretém, emociona, engaja e provoca, o segredo é entender como ele funciona sobre o olhar da audiência.

Em cada plataforma, a resposta do público varia, pois cada rede possui sua própria linguagem e padrão de comportamento. Vários fatores como tipo de interação, a faixa etária do público-alvo, época em que a rede foi criada e até mesmo diferenças culturais, influenciam nessas variantes. Por isso, estudar a linguagem e comportamento do público-alvo em cada plataforma é o primeiro passo para produzir o conteúdo perfeito.

Após estudar a linguagem e comportamento do público, a marca cria o que se conhece como "*buyer* persona", uma representação fictícia do que seria a identidade desse cliente. Nele são representados, desde aspectos de personalidade, aparência, até suas dúvidas e necessidades, a fim de esclarecer qual o real motivo pelo qual essa figura se identifica, compra e engaja o conteúdo de uma empresa. Dessa maneira, as redes sociais de uma marca passam sua mensagem sob medida e personalizada, tendo mais eficácia na resposta desejada e, por consequência, aumentando o número de interações.

A persona também auxilia o tom de voz adequado e os temas que mais geram engajamento. Tratar o cliente de igual para igual e de maneira personalizada para a sua demanda traz identificação, aproximação, confiança e humanização. Por isso, sua identificação deve partir de dados reais. Ferramentas como o Google Analytics, Mlabs, dentre outras, auxiliam nessa captação de maneira precisa e profissional.

O próximo passo é analisar a jornada dessa persona pelas plataformas e na sua rotina. Atualmente, as pessoas passam cada vez mais tempo conectadas e a vida digital passou a se cruzar cada vez mais com o dia a dia, ganhando utilidade e relevância na resolução de problemas da vida comum. Elas pesquisam receitas para cozinhar, marcam consultas, estudam e trabalham por diversas plataformas digitais. Entender como a tecnologia influencia a vida do consumidor é entender como essas ferramentas podem garantir um melhor serviço e experiência para o público.

Não existe uma fórmula pronta daquilo que seja um bom ou um mau conteúdo, porém, estudos da área de psicologia apontam que o que mais atrai a atenção humana em sua vida são coisas que trazem o controle e o aumento do capital social, o aumento de conexões e a economia de tempo.

Para despertar esses pontos cruciais do desejo humano existe uma estratégia chamada 3 H's, que são usadas no desenvolvimento e planejamento de publicações nas redes.

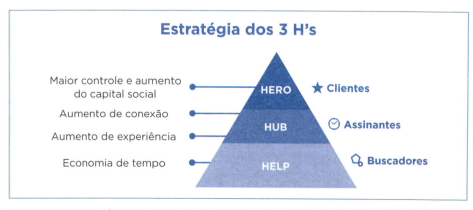

Figura 5.32. *Estratégia dos 3 H's. Fonte: Gráfico de estratégia dos 3Hs retirado do portal do Mlabs.*

- **HELP:** a estratégia de *help* está interligada às ferramentas de buscadores. É pelas ferramentas de buscas que os clientes chegam até o serviço ou produto desejado, por isso investir na publicação de anúncios de uma marca nessas plataformas é importantíssimo. O conteúdo deve ser informativo e otimizado para buscadores (SEO). O Google é a plataforma de maior relevância desse tipo, porém existem outras maneiras de divulgação relevantes como o YouTube, por exemplo.

- **HUB:** nesse estágio de jornada, o consumidor já encontrou o que desejava por meio da busca e agora pretende receber mais conteúdos semelhantes aos encontrados nos estágios do *help*. Com essa estratégia de produção de conteúdo, a marca torna-se uma referência daquilo que o cliente deseja, trazendo identificação, pertencimento e conexão com a marca. Casos de sucesso e avaliações de clientes são bons conteúdos para esse tipo de consumidor. Esse tipo de anúncio é voltado para assinantes e clientes.

- **HERO:** esse tipo de conteúdo tem a intenção de gerar compartilhamento e viralização. Por meio desse tipo de anúncio, o cliente procura aumentar o seu capital social, compartilhando a sua experiência sobre a marca e se sentindo pertencente a um grupo seleto de clientes.

Usando essas estratégias e a criatividade, a criação de conteúdo se torna rica e atrativa, tornando o valor de marca muito maior, e aumentando o *status* da relação entre empresa e consumidor.

PARTE 3
Sucesso nas Plataformas Digitais

6

Presença digital e engajamento digital

Vamos começar este capítulo explicando o que é presença digital.

A presença digital é em quais canais o seu conteúdo está sendo disponibilizado para o seu público, por exemplo, o paciente está atualizando o seu *feed* do Instagram e é impactado com uma propaganda de uma clínica de dermatologia, ele interessa-se e clica no botão de ação no anúncio e é direcionado para o site. Ele gosta do conteúdo, assiste um vídeo de apresentação das instalações da clínica e acessa também o canal do YouTube dos profissionais, com vídeos das explicações sobre as principais queixas dos pacientes. Em pouco tempo, o paciente teve uma percepção de aumento de valor da clínica, porém, naquele momento tinha outras prioridades financeiras.

O nome da clínica e da médica ficarão gravados na mente do paciente. Após um mês, o paciente recebe o seu salário e procura a clínica no Google, rapidamente encontra ótimas avaliações de outros pacientes, fotos 360, o telefone, site e endereço da clínica. O paciente liga no setor de agendamentos, tira todas as suas dúvidas com uma atendente simpática e agenda a sua consulta. Após isso, ele recebe a confirmação pelo WhatsApp. Tudo isso é graças a presença digital que a clínica oferece para seus futuros pacientes.

Mapa dos pilares da presença digital com natureza das mídias

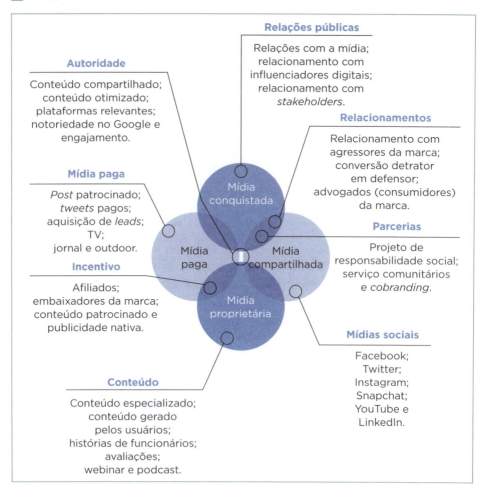

Figura 6.1. *Mapa dos pilares da presença digital com natureza das mídias. Fonte: Adaptada do DIETRICH, 2015.*

Para facilitar o entendimento, é importante cruzarmos a presença digital às diferentes naturezas das mídias, assim teremos uma percepção total da realidade das mídias.

Mídia conquistada

Também conhecida como mídia espontânea é uma das mais importantes para setor de saúde, é o famoso marketing boca a boca. Quanto vale um cliente/paciente feliz e satisfeito com a sua clínica? E contando e indicando para outras pessoas? Também chamamos de mídia espontânea, quando os veículos de comunicação, seja impresso, TV ou digital, fazem matérias positivas falando dos seus serviços e diferenciais, fazem isso, porque enxergam valor no conteúdo e querem contar aos seus espectadores, porque interessa às suas pautas, e, isso tudo ocorre sem investimento algum por parte da empresa.

Mídia proprietária

Refere-se aos canais de comunicação próprios da clínica ou hospital e tudo que é de propriedade da marca, como é o caso de sites, páginas em redes sociais como o Facebook, Instagram, Twitter, YouTube, aplicativos, pode também existir revistas e jornais informativos próprios, os uniformes, crachás, assinaturas de e-mail, dentre outros. Essa mídia pode ser utilizada a livre demanda, respeitando-se a legislação, portanto, sempre com cautela, na dúvida, sempre consulte os órgãos competentes.

Mídia compartilhada

As ações feitas pela nossa organização geram interesse de outros, geralmente quando se trata de comunicação de causas ou de prevenção de doenças, assuntos que podem ajudar muitas pessoas, esse tipo de conteúdo faz com que outras pessoas queiram também ajudar, assim, compartilham com as suas conexões, isso pode ocorrer em qualquer canal, porém, as redes sociais são mais utilizadas, devida à facilidade da ferramenta para compartilhamento.

Mídia paga

Aquela que você paga pelo espaço publicitário e cria uma peça para veicular, o preço pode mudar de acordo com o tamanho, exposição, frequência, posição, formato etc. Mesmo na mídia paga existem restrições, geralmente, os veículos maiores e mais sérios, não permitem opinião e nem conteúdos polêmicos, por exemplo, política. Lembrando que a peça deve estar conforme regulação do setor.

Nesse breve exemplo citamos a presença digital em diferentes canais como: Instagram, site, Google Meu Negócio, YouTube e Roí.

Diagnóstico da presença digital da marca

- Como a marca se posiciona?
- Como se comunica?
- Quais canais ela atua?
- Quais são os seus públicos?
- O que as pessoas falam sobre a marca?
- Onde elas estão?
- A marca engaja?

- Como é seu conteúdo? (tom, linguagem, editorias).
- Ela atende o público? Interage com ele?
- Quais foram as suas últimas ações?
- *Benchmarking* (comparar os questionamentos acima com relação à concorrência).
- Quais são os números de seguidores e quantas pessoas alcança.

Engajamento digital

O engajamento digital ocorre na interação gerada por um relacionamento entre duas partes nas plataformas digitais. Uma parte é a organização de saúde, e a outra são pacientes ou potenciais pacientes que buscam informações nas plataformas digitais.

Engajamento é um termo bastante falado e é o grande objetivo das marcas que entram no mercado digital. Afinal, o objetivo é criar diálogos e envolver o público-alvo em cada ação planejada e como isso funciona?

Defina um tom e uma personalidade que combine com o propósito, a missão e as características da marca, lembre-se que as pessoas esperam interagir com outras pessoas e por isso, você precisa ser agradável, consistente e prestativo. Direcione as conversas de modo que elas reforcem a personalidade e o valor da marca.

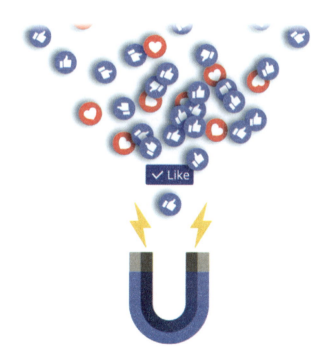

Dependendo do motivo e do tom da interação, peça desculpas se for o caso, de acordo com o código de conduta e ética preestabelecido. Descubra o máximo possível sobre as intenções que geraram a interação e conversão de venda. Sempre aproveite o tempo para interpretar o contexto de uma situação antes de partir para a resposta.

Veja quatro passos para o engajamento:

1. **Planejamento:**
   - Definição de objetivos.
   - Criação de *script* de atendimento e vendas.
   - Definição de metas.
   - Criação de estratégias.
   - Criação de ações que apoiem as estratégias.
   - Definição de equipe.
   - Definição de métricas a serem apresentadas.
   - Definição de prazos.
   - Criação de conteúdo que gere valor e engajamento como curtidas, comentários, compartilhamentos, mensagens, marcações, conversões em agendamentos, visualizações no vídeo, cliques no site, agendamentos *on-line* por telemedicina.

2. **Monitoramento:**
   - Definição de ferramentas.
   - Definição de palavras e termos a serem monitorados.
   - Definição de canais a serem monitorados.
   - Definição de categorias de ocorrências.
   - Definição de estratégia de classificação.
   - Análise de *insights* e dados de engajamentos.
   - Estabeleça indicadores de resultados.

3. **Presença:**
   - Criação de canais.
   - Produção de conteúdo.
   - Produção visual.
   - Chamando a atenção.
   - Facebook Ads.

- LinkedIn Ads.
- Twitter Ads.
- Publieditoriais.
- Google Ads.
- Criação de conteúdos com potencial de viralização.
- Vídeos.
- Infográficos.
- Apresentações.

4. Relacionamento:

- Com seu público-alvo e consumidores.
- Bom atendimento ao consumidor.
- Respostas rápidas.
- Simpatia.
- Preocupação em atender suas necessidades e resolver seus problemas.
- Bom produto ou serviços.
- Se preocupar sempre na entrega do que foi prometido.
- Criação de ações impactantes que ofereçam benefícios que valham a pena para o seu consumidor.
- Criação do setor de pós-consulta, SAC e ouvidoria.

A lógica dos anúncios patrocinados

- Crie uma conta de anúncios e cadastre seus dados financeiros e fiscais.
- Defina o objetivo da campanha.
- Escolha a praça e local a ser divulgado.
- Qual será o valor investido.
- Faça a segmentação do público.
- Crie o anúncio criativo com gatilho e que chame a atenção do cliente a gerar uma ação.
- Monitore e faça testes A/B.
- Rastreamento e remarketing, Google e YouTube com código de rastreio por *tag* e Facebook com código de rastreio por *pixel*.

A lógica dos
Anúncios patrocinados

Crie uma conta de anúncios e cadastre seus dados financeiros e fiscais

Rastreamento e remarketing (Google e YouTube com *tags* e códigos) Facebook com o *pixel*

Defina o objetivo da campanha

Monitore e faça testes A/B

Escolha a praça e local a ser divulgado

Crie o anúncio criativo com gatilho e que chame a atenção do cliente a gerar uma ação

Qual será o valor investido

Faça a segmentação do público

Figura 6.2. *A lógica dos anúncios patrocinados.*

Google Ads

O primeiro passo é abrir uma conta no Google Meu Negócio e cadastrar o endereço, site, fotos 360, horário de funcionamento, telefone, dados cadastrais e confirmar o endereço por meio de uma carta de confirmação que é entregue pelos correios no endereço cadastrado da instituição ou do profissional. Segue o exemplo do perfil configurado do Hospital das Clínicas de São Paulo.

Figura 6.3. *Google Meu Negócio.*

Após isso, é necessário ter um site, caso não tenha, é preciso registrar e hospedar o domínio de um site como explicado no Capítulo 5, item 7, na sequência, criar o conteúdo.

Sem um site ou blog, as pessoas não encontrarão facilmente os serviços prestados na maior rede de pesquisas do mundo, que é o Google, e as chances de obter sucesso no ambiente digital diminuem drasticamente.

O padrão utilizado no mercado é um site responsivo, ou seja, um site que altera o *layout* de acordo com o tamanho das telas de celulares e tablets, trazendo assim uma melhor experiência e visualização do usuário. Além disso, é preciso atentar-se para as reconhecidas práticas atuais para melhorar a performance e experiência do site como: URL amigável, SEO marketing, *layout clean* e moderno, integração com redes sociais, vídeos, imagens bem elaboradas, textos com palavras relacionadas ao negócio, investimento na versão *mobile*, facilidade de contato por telefone ou WhatsApp, cadastro de clientes para obter conteúdos exclusivos e aumentar a geração de *lead* e postar conteúdos atualizados com fotos e vídeos para aumentar a relevância do nome nos buscadores. Não podemos esquecer de indexar o canal do YouTube para ter maior relevância e acessos.

Finalizado o site, é hora de turbinar as vendas em anúncios em redes de pesquisa.

Anúncios no Google e YouTube

Para gerenciar seus anúncios é necessário a criação de uma conta no Google Ads, cadastrar as informações financeiras e fiscais e começar a navegar no *dashboard* da plataforma de anúncios do Google. Esse é a visualização do gerenciador para especialistas, essa plataforma serve, tanto para anunciar na rede de pesquisa do Google, quanto na maior rede de conteúdos de vídeos do mundo, o YouTube.

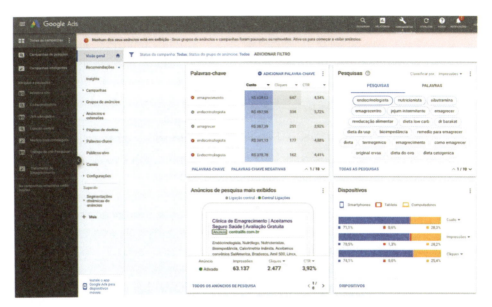

Figura 6.4. *Painel Google Ads. Referência de anúncio de Clínica de Endocrinologia.*

Após a etapa de criação, você precisa pensar com a cabeça do seu paciente. Como seus pacientes procuram na rede de pesquisas é muito importante a presença digital da sua empresa no maior canal de buscas do mundo.

O profissional de saúde precisa pensar como seus pacientes vão procurar pelos serviços de saúde. Qual é a necessidade do paciente:

- **Serviços de saúde:** consulta médica, médico, hospital, clínica, pronto-socorro, ambulância, dentre outros.
- **Sintomas:** dor de cabeça, dor de barriga, incontinência urinária, caroço no peito e entre outras palavras-chave.

- **Especialidade:** cirurgião, dermatologista, otorrinolaringologia, e outros tópicos relacionados.
- **Planos de saúde com especialidade:** Unimed Geriatra, Porto Seguro clínico geral, Bradesco dentista, dentre outros convênios.
- **Procedimento:** cirurgia plástica, rinoplastia, drenagem torácica, cateterismo vesical etc.
- **SADT:** eletroencefalograma, holter, exame de sangue, teste ergométrico, ultrassonografia, dentre outros.
- **Planos de saúde e SADT:** Unimed eletroencefalograma, Bradesco ultrassonografia, Porto Seguro ultrassonografia e tópicos relacionados.
- **Nome dos profissionais:** médicos de referência, nutricionistas de referência, dentistas que são referências na área e assim por diante.
- **Frases resolutivas:** como resolver minha dor de cabeça? remédio para dor de barriga, pomada para hemorróidas etc.
- **Remédios:** Doril, Aspirina, Saxenda, omeprazol e outras palavras-chave.

Realizando esse estudo inicial, é preciso definir o **objetivo da campanha** e inserir a **praça** que será veiculada a campanha. Exemplo:

- **Objetivo de campanha**: vendas, leads, tráfego no site, considerações de produtos, alcance e reconhecimento da marca, promoção de *app*, visitas a lojas locais e promoções. Aconselhamos para a área da saúde a campanha de *leads* e tráfego do site:

Figura 6.5. *Meta da campanha.*

- **Tipo de campanha:** rede de pesquisa, rede de *display*, shopping, vídeo, *smart* e *discovery*. Para a área da saúde, recomendamos anúncios de respostas diretas, como a **rede de pesquisa**. Os anúncios na rede de pesquisa aparecerão abaixo dos resultados de busca do Google, quando os clientes estiverem procurando o seu serviço.

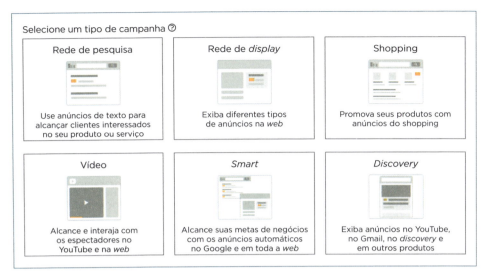

Figura 6.6. *Tipo de campanha.*

- **Praça:** escolha o bairro, cidade, estado ou país que gostaria que a sua campanha alcance os clientes.

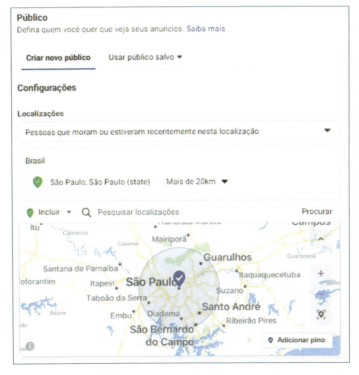

Figura 6.7. *Localização do público.*

Palavras-chave

Definir as palavras-chave, pesquisadas pelo usuário, para que o anúncio apareça e faça com que sua empresa se destaque das outras buscas dos concorrentes ou termos de interesse.

Existem alguns tipos de correspondência de palavras-chave no Google Ads:

- **Correspondência ampla:** os anúncios aparecerão para pesquisas relacionadas às suas palavras-chave, incluindo buscas que não contenham os termos delas. É uma boa opção para captar mais visitantes para o site, no entanto, as buscas tendem a ser as mais variadas. A sintaxe dessa correspondência é simplesmente escrever a palavra-chave desejada.
- **Correspondência de frase:** os anúncios aparecerão para buscas que contenham os termos das suas palavras-chave, no entanto, podem conter termos adicionais. Tendem a ser mais específicas que a correspondência ampla e atrair cliques qualificados. A sintaxe é dada pelo acréscimo de aspas. Exemplo: "clínica médica".
- **Correspondência exata:** os anúncios aparecerão para buscas que sejam exatamente como as suas palavras-chave. Buscas com termos adicionais são ignoradas. É uma opção de correspondência de palavras-chave para pesquisas específicas e tende a trazer cliques qualificados ao site. A sintaxe dessa correspondência é dada por colchetes. Exemplo: [nutricionista em Osasco].

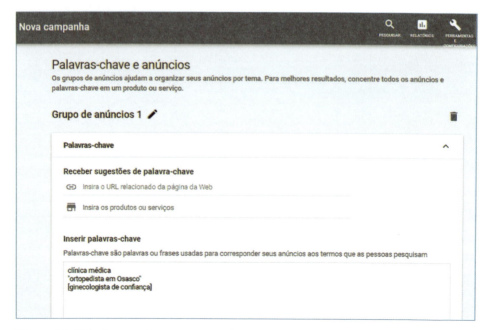

Figura 6.8. *Painel para criar nova campanha.*

Estudar a quantidade de buscas no Google, esse infográfico mostra o mercado de pesquisas mensais sobre um determinado tema:

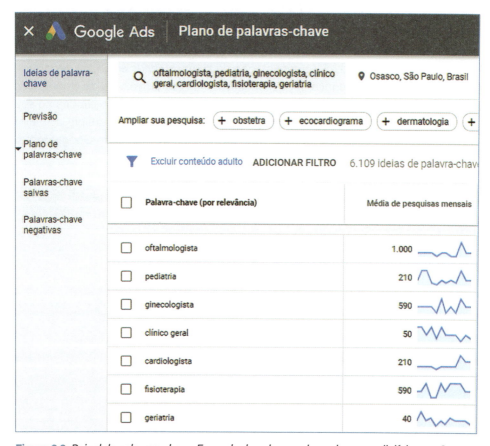

Figura 6.9. *Painel de palavras-chave. Exemplo de palavras-chave de uma policlínica em Osasco.*

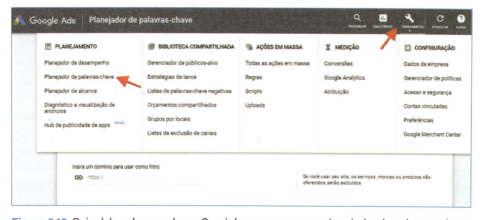

Figura 6.10. *Painel de palavras-chave. Caminho para acessar o planejador de palavras-chave.*

Valor de investimento na campanha

Na rede de pesquisa do Google, as cobranças são realizadas a cada clique. Sempre que um usuário clica em um anúncio, a cobrança é realizada. Essa cobrança pode ser mensurada observando a métrica CPC médio (custo por clique).

Após inserir um orçamento diário para a campanha, é necessário escolher uma estratégia de lances. Para a captação de clientes, *leads* e vendas, recomendamos a estratégia de conversões (buscará o máximo de volume de conversões dentro do seu orçamento) ou cliques (buscará o maior número de cliques no seu anúncio de acordo com o seu orçamento). Também é possível definir um valor de CPA desejado (custo por aquisição), o que faz a inteligência do Google tentar alcançar o seu objetivo dentro do valor configurado.

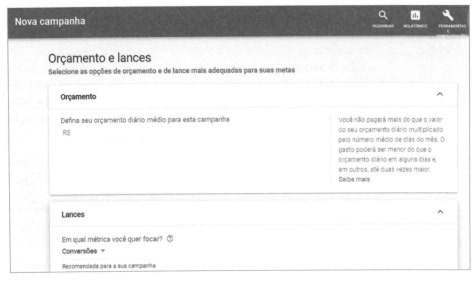

Figura 6.11. *Painel de orçamentos e lances.*

Extensões de anúncios

As extensões de anúncios, são opções de complementos, que contribuem para a qualidade do seu anúncio, além de oferecer opções relevantes aos usuários. As extensões aumentam a taxa de cliques nos seus anúncios, além de torná-los mais relevantes. Ao final do processo de criação de sua campanha, existirá a opção de adicionar algumas extensões aos seus anúncios. Recomendamos criar ao menos quatro extensões para sua campanha. Abaixo, as principais extensões recomendadas para a área da saúde:

- **Extensão de frase de destaque**: permite inserir frases que destacam atributos de sua empresa. Exemplo: agenda *on-line*, atendimento 24 horas, aceitamos convênios etc.

- **Extensão de site e *link***: permite ao usuário navegar por áreas específicas do seu site. Exemplo: quem somos, especialidades, blog, contato etc.
- **Extensão de chamada**: permite que o usuário entre em contato com sua empresa por meio do anúncio e de um dispositivo móvel.
- **Extensão de *snippets* estruturados:** permite destacar alguns serviços ou detalhes de produtos oferecidos por sua empresa. Exemplo: (serviços) clínico geral, cardiologista, nutricionista etc.
- **Extensão de local**: permite apresentar o local da sua empresa quando o anúncio é mostrado ao usuário. Necessário possuir o Google Meu Negócio configurado.
- **Extensão de formulário de *lead***: permite o usuário realizar uma inscrição por meio de um formulário do Google, antes do usuário acessar seu site. Ótima opção para captação de *leads*.

Montagem do anúncio

Esse momento precisa de criatividade, ou seja, é necessário pensar em como chamar a atenção do seu paciente, que está navegando na rede de pesquisa. Faça testes de qual *post* performa melhor na conversão. Use o termo certo para ter o gatilho de ação do seu paciente para que ele clique no seu *link* ou faça uma ligação para seu setor de agendamento.

Atualmente, o Google Ads oferece como opção padrão de anúncios, o anúncio responsivo de pesquisa. A plataforma disponibiliza espaço para adicionar até 15 títulos e 4 descrições. Diversas combinações de títulos e descrições são testadas, de acordo com o que os usuários estão pesquisando. É recomendável ser criativo tendo como qualidade do anúncio as notas boa e excelente.

Figura 6.12. *Painel de anúncio Google.*

Veiculação

Após o anúncio concluído, ele irá aparecer no buscador, essa é a forma que todos irão visualizar na rede de pesquisa.

Figura 6.13. *Buscador Google.*

Contudo, é importante saber que não basta, simplesmente, o anunciante pagar mais para o seu anúncio aparecer bem posicionado entre os primeiros *links*, o Google também faz uma análise da qualidade do conteúdo anunciado. Basicamente, a escolha do que aparecerá na pesquisa funciona da seguinte maneira:

- Quando alguém pesquisa, o sistema do Google Ads encontra todos os anúncios com palavras-chave correspondentes.
- A partir desses anúncios, o sistema ignora todos aqueles que não são qualificados, como anúncios reprovados, de baixa qualidade ou de alguma cidade distante daquela que o pesquisador se localiza.
- Dos anúncios restantes, apenas aqueles com uma classificação elevada podem ser exibidos, e essa classificação é feita de acordo com uma equação que relaciona o valor que o anunciante pagará por clique no *link* e o índice de qualidade de seu anúncio. Entenda como seu anúncio é posicionado no navegador pelo leilão do custo por clique e pelo índice de qualidade.

Leilão de palavra-chave

Desse modo, graças ao índice de qualidade, mesmo que os valores pagos pela concorrência sejam maiores, um anúncio bem qualificado ainda pode aparecer em uma posição com maior destaque, mesmo com um preço menor pago, tornando a plataforma mais justa.

O índice de qualidade é um diagnóstico realizado pelo Google que vai de 1 a 10 e fica a nível da palavra-chave. Para o cálculo do índice de qualidade, três fatores são levados em consideração:

Posição de um anúncio = X

Custo por clique   Índice de qualidade de palavra-chave

Figura 6.14. *Posição de anúncio.*

- **Relevância:** é a relação que a palavra-chave tem com a mensagem do anúncio. Por exemplo, se alguém faz uma pesquisa no Google com uma palavra-chave qualquer e encontrou um anúncio coerente com a pesquisa, esse anúncio possui relevância, mas se um anúncio apareceu apenas porque a empresa comprou palavras-chave demais, o anúncio tem baixa relevância e não necessariamente tem a ver com o que a pessoa pesquisou no Google. Para melhorar a relevância do seu anúncio considere o seguinte:
  — Inclua palavras-chave negativas: exclua termos de pesquisa que não tem relação com seu negócio.
  — Concentre-se na sua localidade: tenha como alvo, localizações específicas para o seu negócio. Configure locais e idiomas relevantes.
- **Taxa de cliques esperada:** a taxa de cliques esperada (eCTR) prevê a probabilidade de uma palavra-chave gerar cliques no anúncio. Para melhorar essa taxa, considere o seguinte:
  — Seja específico no anúncio: inclua palavras-chave no texto e principalmente no título para mostrar às pessoas que o anúncio é relevante para a pesquisa delas.
  — Teste *call-to-action* diferentes, você oferece parcelamento ou atendimento remoto? Use opções diferentes, como "agende hoje" ou "reserve agora".
  — Destaque benefícios do seu produto ou serviço, o que diferencia você da concorrência? Pense em algo que importe para os usuários.
  — Crie textos de anúncios específicos para locais ou horários, teste criativos temporários nos feriados ou eventos especiais.
- **Experiência na página de destino:** as páginas de destino dos anúncios precisam oferecer aos usuários o que eles procuram. Uma página de destino altamente relevante gera uma pontuação mais alta e, consequentemente, um CPC mais barato. Tenha um site com fácil navegação, boa velocidade de carregamento, informativo e transparente. Para melhorar a experiência da página de destino considere o seguinte:
  — Envie o tráfego para a página de destino certa relacionada à consulta do usuário. Exemplo: se a pesquisa for "agendar consulta", a página de destino deve ter a opção de agendamento.

— Otimize o site para dispositivos móveis: a facilidade de navegação é ainda mais valorizada nos sites para dispositivos móveis. Mantenha o seu site otimizado e responsivo.

Monitoramento da venda e testes A/B

Todo o monitoramento da venda e de campanhas de marketing precisa ser monitorado, desde que o mundo é mundo, desde que a mídia é *off-line* e são criadas campanhas que dependem de performance e vendas. É preciso, primeiramente, verificar se a campanha está alcançando o objetivo e seus clientes estão ligando, clicando em seu site, fazendo conversão em seu formulário ou *landing page*. É necessário realizar diversos testes e avaliar todas as conversões e contato do paciente com os seus canais. Caso não esteja ocorrendo, atualize a campanha e refaça até alcançar os objetivos. Toda campanha precisa ser monitorada diariamente.

Figura 6.15. *Painel de monitoramento de venda.*

Remarketing do Google Ads e *tags*

O sucesso das campanhas de marketing não vem apenas do primeiro impacto, e sim, de muitos impactos ao longo da jornada de compra do cliente. O Google tem um sistema de rastreamento chamado de *tags*, esse sistema foi criado para os especialistas em marketing reimpactarem os clientes que se envolveram em campanhas anteriores a serem expostos, novamente, a outros anúncios, por exemplo, na rede de *display* com imagens do Google.

Essa estratégia é para três tipos de públicos, como **todos os visitantes do site** ou de uma determinada página como *landing page*, **conversões** após uma ação e ou uma lista otimizada de clientes ligada a uma fonte de dados da empresa como a **carteira de clientes em formato de arquivo em Excel.**

- Código de instalação de *tag*

Figura 6.16. *Gerenciador de* tag *do Google.*

Certificações em Google Ads

O trabalho de criação de anúncios é uma profissão para analistas de mídias pagas ou gestores de tráfego, não aconselhamos pessoas leigas investirem em anúncios, para não haver prejuízos financeiros ou desperdícios de verba, indicamos, primeiro, realizar as certificações oficiais do Google para dar início as campanhas ou terem treinamentos com especialistas de mídia do próprio Google, que auxiliam os novos usuários a iniciar na plataforma e obter conversões e bons resultados.

Certificações em Google Ads.

YouTube

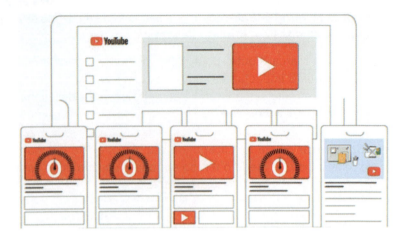

Se para as gerações anteriores, a TV era sinônimo de entretenimento, hoje em dia, com o advento da era digital, a internet tomou esse lugar. Uma das plataformas que mais marca essa migração de audiência é o YouTube.

Por possuir um formato prático na busca e compartilhamento de informações, o YouTube tem sido cada vez mais procurado como o principal substituto da televisão, o que tem levado cada vez mais, as empresas a anunciarem e produzirem conteúdo de vídeo na plataforma.

O marketing no YouTube tem um papel fundamental nas estratégias das empresas que querem ter uma forte presença digital e criar uma audiência e maior reconhecimento de marca para seus pacientes. Por isso, os anúncios no YouTube são uma ótima oportunidade para alcançar a sua audiência. Tudo isso contando com recursos como controle de gastos, segmentação de público-alvo e mensuração dos resultados.

Mas antes de criar seu canal e suas estratégias, é importante pensar qual será o objetivo do canal. Tendo definido todas as expectativas, a tomada de ações e conteúdos tornam-se mais fáceis.

Nichar o conteúdo para um público em específico é outro ponto importantíssimo, pois assim, o canal mantém uma audiência concentrada. Estudar canais que produzem conteúdos alinhados aos seus objetivos, ajuda a entender melhor o que o público espera encontrar e como eles gostam de serem abordados.

Nessa rede social, a constância das postagens também ajudará a manter sua audiência. Por isso, ter um cronograma editorial com um ou dois vídeos por semana, esse é um ponto crucial para manter a longevidade e o sucesso do canal. Esse ponto também ajudará na credibilidade e conquista de parcerias, pois, se o canal possui um compromisso pontual em sua produção, ele se torna sinônimo de profissionalismo na plataforma, tanto para outros produtores, quanto para anunciantes.

E por falar em credibilidade, a personalização de um canal, alinhada à identidade visual de uma marca é outro ponto que acentua a reputação de um canal. *Banners* e *thumbnails* impactantes sempre puxam a audiência dos vídeos de maneira instantânea, e tome cuidado para não gerar imagens desalinhadas com seu conteúdo para evitar o *clickbait*. Porém, é preciso cautela na produção de um *clickbait* para que não se produza uma notícia falsa, pois isso irrita e afasta o telespectador. Apesar de ele ter clicado em seu vídeo, existe um marcador de audiência de relevância que mede o tempo em que o usuário ficou assistindo o vídeo, e isso conta na validação da visualização.

Thumbnail

Observe que a *thumb* chama a atenção sem ser sensacionalista.

Figura 6.17. Thumbnail *de vídeo atrativa. Fonte: Canal OnWay Education.*

Além de uma boa produção, a divulgação do canal, palavras-chave e *tags* são essenciais para a sua viralização. Estratégias de SEO não devem ser desperdiçadas para que seu canal viralize. Hoje em dia, o YouTube se tornou a segunda maior plataforma de busca, perdendo apenas para o Google, tendo o seu próprio sistema de classificação e ranqueamento por meio de algoritmos, quando você publica seu vídeo no YouTube ele é anexado ao sistema de buscas do Google.

O algoritmo do YouTube ranqueia um vídeo por meio de fatores como o título do vídeo, se ele contém palavras-chave e se essas palavras-chave também estão na descrição, o tempo de duração dos vídeos, número de cliques e o tempo de permanência de audiência dentro do vídeo, *likes* e *deslikes*, e por último, o mais importante: as *tags*.

Tags

O algoritmo do YouTube localiza o conteúdo do vídeo, principalmente, pelas *tags* indexadas.

A seguir, temos exemplos de *tags* com referência a assuntos de ginecologia:

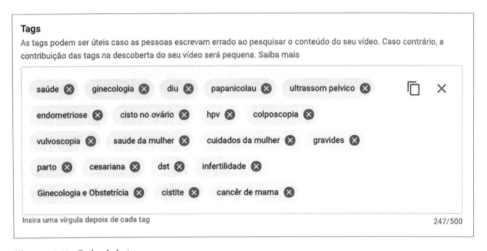

Figura 6.18. *Painel de* tags.

As *tags* para o YouTube são consideradas boas práticas de otimização de vídeo dentro da plataforma. Elas categorizam o vídeo em categorias específicas e facilitam o usuário a encontrar o conteúdo. Elas associam o vídeo a conteúdos relacionados, ajudando-os a entrar na lista de recomendados. Existem várias maneiras de rastrear as *tags* em alta para aumentar a relevância de um vídeo para o algoritmo, porém, uma das melhores, certificada pelo próprio YouTube é a VidiQ.

A VidiQ é uma plataforma que fornece todas as ferramentas de que as marcas precisam para alcançar seus objetivos de marketing de vídeo, onde, além de possuir serviços para escaneamento de *tags* em alta, ele faz uma análise de concorrência, maximiza o conteúdo no ranqueamento e constrói uma base de fãs sólidas para o canal.

Figura 6.19. *Painel VidiQ. Página Inicial do VidiQ.*

Detalhes do vídeo

O vídeo precisa ser editado em formato mp4 e 1920 x 1080px, quando já estiver no formato, é necessário fazer o *upload* no YouTube Studio, que é a principal ferramenta e é gratuita, você só precisa ter uma conta Gmail. Nesse painel são encontradas as principais ferramentas como:

- Conteúdos para *upload* e conteúdos ao vivo.
- *Playlist.*
- Estatísticas.
- Comentários.
- Legendas.
- Direitos autorais do canal.
- Monetização.
- Personalização.
- Biblioteca de áudios.
- Configurações do canal.
- Enviar *feedback.*

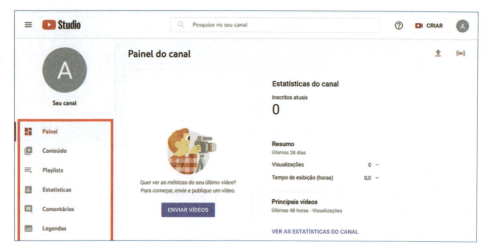

Figura 6.20. *Painel do canal no YouTube.*

O próximo passo é enviar todos os vídeos, colocar título, legenda, *thumbnail* ou miniatura, descrição dos vídeos, *tags*, configurar que o vídeo é indicado para menores de 18 anos. Faça uma *playlist* de vídeos, caso o conteúdo tenha uma sequência lógica.

Canal atrativo e organizado

Configure e organize seu canal do YouTube com temas em lista de reprodução interessantes e com apelo para seu público-alvo. Segue um exemplo do canal OnWay Education, do fisioterapeuta e professor, Fábio Rodrigues, que dá dicas de saúde preventiva para pacientes e alunos.

Figura 6.21. *Painel do canal da OnWay Education no YouTube.*

Acompanhe as estatísticas e crie uma frequência de um ou dois vídeos postados por semana. Monitore os comentários e peça para os espectadores inscreverem-se no canal.

Anúncios no YouTube

Após essas definições de estratégia, a equipe de vídeo terá mais apoio para iniciar a produção de conteúdo.

Agora que já entendemos como essa plataforma funciona, é hora de aprender quais são os tipos de anúncios disponíveis e, claro, como criá-los e os objetivos e formatos.

O YouTube é um serviço de mídia paga que dá às empresas a oportunidade de fazer publicidade na plataforma, inserindo anúncios nos vídeos aos quais o usuário assiste. Por meio de ferramentas de segmentação, você pode fazer sua marca alcançar pessoas que têm o potencial de se tornar clientes.

Como o YouTube faz parte do Google Ads, é por lá que fazemos, por exemplo, o planejamento da campanha, a configuração do público, ajuste de orçamento e acompanhamento das métricas. Os tipos de objetivos são de **reconhecimento**, **consideração** e **ação**.

O YouTube cobra por três tipos de resultados:
- CPV: custo por visualização.
- CPC: custo por clique com direcionamento de tráfego para um site ou uma página por meio de um *call-to-action*, ou botão de ação que aparece no anúncio.
- CPA: custo para maximizar conversões de instalações de aplicativos ou ações por *call-to-action*.

Principais formatos de anúncio

As principais formas de anúncios fornecidas pelo YouTube são:
- **Anúncios *in-stream* puláveis:** exibidos como um vídeo para as pessoas certas, logo antes de elas assistirem ao vídeo desejado. Devem ser objetivos, diretos e atrativos para cativar a atenção do espectador nos primeiros cinco segundos.

Figura 6.22. *Anúncios in-stream puláveis.*

- **Metas de marketing para anúncios *in-stream* puláveis**
  - *Leads*.
  - Tráfego no site.
  - Alcance de reconhecimento da marca.
  - Vendas.
  - Considerações de produto da marca.
- **Anúncios *in-stream* não puláveis:** vídeos de até 15 segundos, exibidos antes, durante ou depois de vídeos do YouTube, em sites parceiros ou em aplicativos da rede de *display* do Google. São semelhantes aos anúncios anteriores, porém, não podem ser pulados e servem para exibir toda a mensagem que você deseja passar.

Figura 6.23. *Anúncios* in-stream *não puláveis.*

- **Metas de marketing para anúncios *in-stream* não puláveis**
  - Reconhecimento de marca e alcance.
  - • **Anúncios vídeo *discovery*:** exibidos nos resultados de pesquisa do YouTube, na página inicial ou na parte dos vídeos relacionados. Formato usado quando o intuito é reforçar uma mensagem e, principalmente, relacioná-la com uma busca.

Figura 6.24. *Anúncios vídeo* discovery.

- **Metas de marketing para anúncios vídeo *discovery***
  — Consideração de produto e marca.
  — **Anúncios *out-stream*:** esse tipo de anúncio não aparece no YouTube, ele é indicado para expandir os anúncios em rede de *display* de parceiros. Esse formato tem um bom custo-benefício.

Figura 6.25. *Anúncios* out-stream.

- **Metas de marketing para anúncios *out-stream*:**
  — Alcance e reconhecimento da marca.
  — **Anúncios *bumper*:** Esse é um anúncio curto e simples que o usuário não tem opção de pular, é exibido no começo do vídeo, durante ou depois.

Figura 6.26. *Anúncios* bumper.

- **Metas de marketing para anúncios *bumper*:**
  — Alcance e reconhecimento da marca.
  — **Anúncios de *masthead*:** Esse é um formato especial que aparece no topo do *feed* do YouTube, é necessário aprovação antecipada do departamento comercial. Esse é um formato de 30 segundos.

Figura 6.27. *Anúncios de* masthead.

- **Metas de marketing para anúncios** *masthead*

    — Esse formato é recomendado para lançamentos, eventos de vendas e exposição para maior reconhecimento da marca.

Facebook Ads

Atualmente, o Facebook é a rede social mais usada no mundo, sendo utilizada por mais de duas bilhões de pessoas. É um mundo de oportunidades para fazer campanhas de marketing e impactar pessoas com interesses em seus serviços e produtos, dentro da sua localização específica e segmentações apuradas de público.

Para começar a veicular campanhas de marketing, a princípio você vai precisar ter um perfil, criar uma página, configurá-la com informações sobre seu negócio, como por exemplo: localização, horários de funcionamento, formas de contato e uma biografia da sua empresa.

Em seguida, entra a conta de anúncio para criar suas campanhas e estratégias de marketing. A configuração inicial é o CPF/CNPJ e o método de pagamento que deve ser adicionado na aba "cobranças" da sua conta de anúncios, podendo escolher os métodos: cartão de crédito, débito, Paypal e boleto.

O Facebook cobra os anúncios das seguintes maneiras:

- **Custo por clique (CPC):** é o custo que a plataforma irá cobrar pela interação do usuário com o anúncio, como, redirecionamento para site ou direcionamento para alguma plataforma externa, podendo ser configurado um teto para o custo pela ação.

- **Custo por mil (CPM):** é o custo que o Facebook cobrará à cada mil impressões (visualizações que duraram pelo menos três segundos).

- **Custo por aquisição (CPA):** é o custo por venda, conversão ou transação.

- **Custo por** *lead* **(CPL):** é o valor que é pago por cada formulário preenchido dentro do Facebook ou Instagram, esse valor pode variar de acordo com seu segmento e a concorrência do seu público com seus concorrentes.

Gerenciador de anúncios

O gerenciador de anúncios do Facebook Ads é a plataforma profissional para que você promova campanhas de marketing, de acordo com suas estratégias para impactar seu público-alvo, divulgando seus produtos e serviços, a fim de converter usuários em pacientes.

Figura 6.28. *Painel gerenciador de anúncio Facebook. Fonte: Facebook.*

Objetivos de marketing de campanhas

O Facebook Ads oferece três tipos de objetivos de campanhas de marketing. O primeiro é o **reconhecimento**, que oferece maior reconhecimento da marca e alcance público a um baixo custo.

O segundo objetivo é **consideração**, que permite um maior engajamento dos usuários com botão de ação, esse objetivo consiste em aumentar os cliques no site, mensagens no Direct, Messenger e WhatsApp, visualizações nos vídeos, geração de *leads*, maior número de curtidas, comentários e compartilhamentos nas publicações.

O terceiro e último objetivo é **conversão**, o algoritmo permite maximizar vendas em *e-commerce* e catálogos digitais, aumento de *downloads* de aplicativos e até gerar visitas no estabelecimento físico, por geolocalização ,para divulgar seus serviços ao seu público-alvo, sem necessidade de nenhuma ação dos usuários. A segunda é Consideração, que exige uma interação do usuário, como clique para o site, envolvimento com a publicação, preenchimento de formulário de cadastro, mensagens etc. E conversão, para que você possa vender seus produtos do catálogo ou levar usuários até seu estabelecimento.

Marketing Essencial para Médicos – Conecte-se com Seu Paciente 113

- **Objetivos de marketing.**

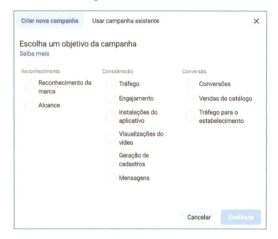

Figura 6.29. *Objetivos de marketing. Fonte: Facebook Ads.*

- **Reconhecimento da marca e alcance.**

São campanhas sem necessidade de interação do usuário, voltada para apresentar sua clínica para seu público-alvo.

Figura 6.30. *Exemplo de campanha sem necessidade de interação.*

114   Marketing Essencial para Médicos – Conecte-se com Seu Paciente

Consideração

São campanhas que exigem interação do usuário, como, redirecionamento para seu site, geração de cadastros, mensagens etc.

Tráfego, engajamento, instalação de *app*, visualização de vídeo, geração de cadastros e mensagens.

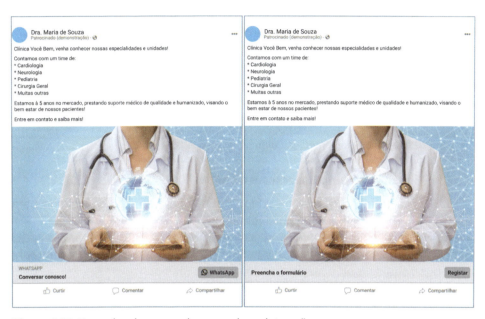

Figura 6.31. *Exemplos de campanha que exigem interação.*

- **Conversão.**

Campanhas de conversão são campanhas com o intuito de gerar venda dos seus produtos ou levar seu paciente até sua clínica.

- **Conversões, venda de catálogo e tráfego para o estabelecimento.**

Análise estatísticas de anúncio

Para ver o desempenho de suas campanhas, será necessário abrir o gerenciador de anúncios, selecionar ou passar o mouse em cima do nome da campanha e clicar em "visualizar gráficos".

Nessa visão detalhada, você consegue ver o desempenho, dados demográficos, posicionamento ou veiculação.

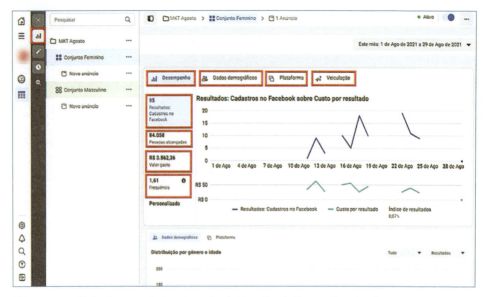

Figura 6.32. *Painel gerenciador de anúncio Facebook. Fonte: Facebook.*

Na aba **"desempenho"**, você consegue visualizar as informações como números de resultados obtidos, números de resultados detalhados diariamente (gráfico), pessoas alcançadas e valor gasto (de acordo com o filtro configurado).

Em **"dados demográficos"**, você verá detalhadamente o gênero e a faixa etária mais engajada do seu público-alvo.

E na aba **"plataforma"**, o gráfico exibe os dados detalhados de resultados, alcance e valor gasto que o Facebook e Instagram tiveram.

Tipos de público

Conhecer seu público-alvo é crucial para que você consiga ter bons resultados nas redes sociais, isso porque você segmentando por palavras de interesses, média idade e gênero, vai direcioná-lo apenas para quem tem interesse em seus produtos e serviços, você também pode restringir segmentando interesses para exclusão, assim vai otimizar seu orçamento apenas com seu público.

Na plataforma, há três opções de públicos: **salvos**, **personalizados** e **semelhantes**. Isso para que você consiga impactar seu público-alvo e realizar marketing (prospecção de pacientes) e remarketing (pacientes potenciais que já demonstraram interesse com seus serviços ou que engajaram com sua página/perfil). São eles:

- **Público salvo:** o público salvo pode ser criado direto na criação da campanha e testado, tendo um bom engajamento e resultado, pode ser salvo para ser utilizado novamente.

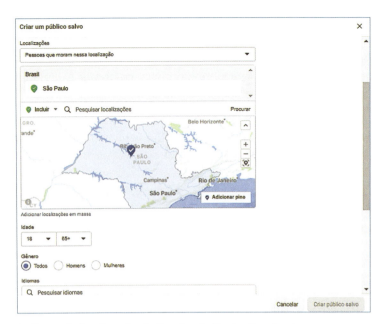

Figura 6.33. *Gerenciador de anúncio Facebook. Fonte: Facebook.*

- **Público personalizado:** o público personalizado é para quando suas redes sociais ou sua base de dados de usuários já tenham informações suficientes (site, atividade em aplicativos, lista de e-mails de clientes, lista de telefones etc.) para a criação de um público relevante.

Opções de rastreio

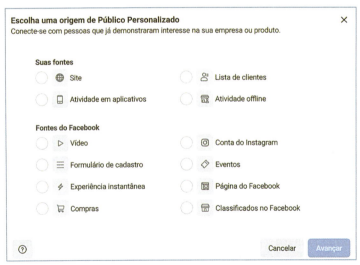

Figura 6.34. *Rastreando seu público. Fonte: Facebook.*

- **Público semelhante:** o público semelhante é usado para encontrar novas pessoas que compartilham interesses parecidos com seu público-alvo. Para criá-lo, é necessário um público salvo, público personalizado, ou você pode utilizar outras origens, como por exemplo, página do Facebook, aplicativo ou *pixel* e eventos.

A porcentagem do público é relativa à semelhança de interesses do seu público-alvo, tendo 1%, como os interesses mais similares e 10%, em um público menos similar, porém um público mais amplo.

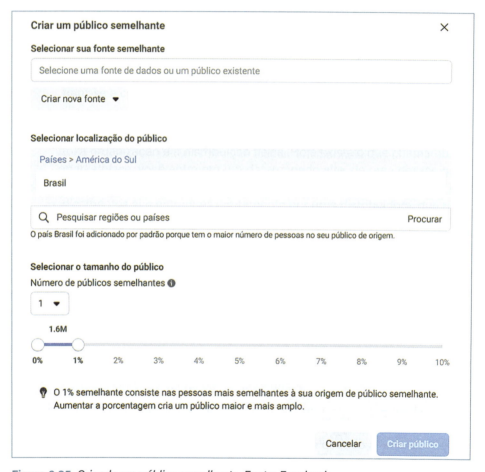

Figura 6.35. *Criando um público semelhante. Fonte: Facebook.*

Gerenciadores de negócios (BM)

O *business manager* (gerenciador de negócios) é uma ferramenta onde é possível adicionar todos os **ativos do Facebook (páginas, contas de anúncios, aplicativos, contas de Instagram, catálogo de produtos,** *pixel* **e domínios de site).**

Para fazer anúncios e estratégias sem restrições, é necessário que tenha uma estrutura configurada dentro de um BM, e todos os ativos precisam estar vinculados e compartilhados para que possam trabalhar em harmonia.

Figura 6.36. *Painel gerenciador de negócios. Fonte: Business manager Facebook.*

Certificações Blueprint Facebook

O Facebook possui uma plataforma chamada Blueprint, que oferece diversos cursos gratuitos para anunciantes, desde o nível mais básico, ao mais avançado. O intuito da plataforma é treinar e incentivar colaboradores e usuários para a área do marketing digital que tem interesse em trabalhar com anúncios nas plataformas.

Todos os cursos do Blueprint, após serem terminados, é disponibilizado um certificado de conclusão pelo próprio Facebook.

Certificações Blueprint Facebook.

Instagram

O Instagram é uma das plataformas mais promissoras em questão de marketing digital, isso devido ao grande número de pessoas que a utilizam simultaneamente e às diferentes maneiras de interações dentro da plataforma. Além de ter um amplo público consumidor, o Instagram tem como vantagem, o baixo custo para veicular publicidade, características que o tornam um ótimo lugar para pequenas, médias e grandes empresas.

Para conseguir ter relevância nessa rede, é primordial ter conteúdo de qualidade, como publicações, dicas e conhecer o público-alvo que tem interesse em seus serviços, para poder saber as melhores estratégias a seguir e como oferecer seus produtos e serviços.

Hoje, existem duas maneiras de se ter relevância nas redes sociais e trazer mais seguidores que engajam com seu conteúdo:

- **Tráfego orgânico:** nada mais é que visitas conquistadas de pesquisas e compartilhamento, sem anúncios, ou seja, você pode levar mais tempo para poder obter resultados. O custo-benefício do tráfego orgânico economiza os custos das suas campanhas patrocinadas, como consequência, o lucro por paciente atendido será maior. O algoritmo do Instagram restringe o alcance da sua base.

- **Tráfego Pago:** a maneira mais fácil de trazer pacientes para seu negócio é com o tráfego pago, isso porque ele pode potencializar seus resultados, mostrando seu conteúdo, produtos e serviços para seu público-alvo, apresentando sua empresa para pessoas que realmente tem interesse no seu negócio. O custo-benefício das campanhas pagas podem trazer mais resultados em um prazo menor, sendo bem configurados, segmentados e com um orçamento configurado, os anúncios podem começar a apresentar resultados já no primeiro dia.

O tráfego pago tem ótimas ferramentas para segmentação de públicos, como por exemplo, palavras de interesses, localizações, informações demográficas (gênero e idade), ocupação, comportamentos, públicos personalizados (base de dados) e semelhantes para realização de remarketing.

Como obter seguidores

A quantidade de seguidores no seu perfil é um fator crucial para você passar confiança e credibilidade para seus novos pacientes, por isso, sempre recomendamos, primeiro, estratégias de marketing para atrair seguidores, trabalhar a imagem da sua clínica e depois realizar outras estratégias.

Tenha conteúdo de qualidade em seu perfil, como:

- Dicas.
- Boas práticas.
- Notícias.
- Usar *hashtags*.
- Incentivar o engajamento.

- Interação com seus seguidores.
- Variar o tipo de postagens.
- Postar nos melhores dias e horários que sua audiência está conectada.
- Ter recorrências de postagens e um cronograma organizado para não baixar seu engajamento.

Hoje em dia, é comum encontrar empresas que vendem seguidores por um valor X, porém. essa prática, pode lhe trazer complicações, como por exemplo, ter sua conta restrita/bloqueada, ter sua conta *hackeada*, atrair seguidores falsos ou estrangeiros que não tem relevância com seu público-alvo, além disso, irá perder muitos seguidores, também será negado o selo de verificação, por isso, não recomendamos esse tipo de prática.

Selo de verificação

Um perfil ou uma página verificada significa que a empresa ou pessoa é uma presença autêntica, reconhecida por ambas as plataformas e isso pode lhe trazer mais credibilidade.

Para o processo de verificação, é considerado diversos fatores para determinar se o perfil é autêntico e atende aos requisitos da plataforma! Além de seguir os Termos de Serviço e os Padrões da Comunidade do Facebook, as páginas e os perfis têm de ter:

- **Autenticidade:** representar um negócio registrado ou uma pessoa real.
- **Atividade recente:** ter movimentações recentes na página/perfil e utilizar uma foto da pessoa ou empresa.
- **Relevância:** ter *links* de relevância com artigos de notícias/manchetes de fontes notáveis, falando sobre a empresa ou pessoa.

Anúncios no Instagram

Agora que você já sabe como ter uma conta no Instagram bem posicionada e com seguidores interessados pelo seu conteúdo, é hora de aprender mais sobre os anúncios dessa plataforma e impulsionar suas publicações, para que possa atingir e impactar mais pacientes.

Um dos diferenciais e vantagem dessa plataforma, é que você não precisa ter um site para vender pela rede social. Essa característica é muito boa para quem está começando, já que o aplicativo dispensa um grande investimento inicial.

O valor gasto com os anúncios é definido pela própria pessoa, desde que seja obedecido a um mínimo exigido pelo Facebook. Assim, você pode atingir um público relevante logo de cara, caso tenha capital para isso, ou fazer campanhas mais baratas e ir expandindo aos poucos.

• Tipos de anúncio no Instagram

O Instagram permite fazer cinco tipos de anúncios: **foto, vídeo, carrossel, coleção e *stories***. Os quatro primeiros são *posts* patrocinados que aparecem no *feed* do seu público-alvo. Como a descrição deixa claro, os de foto e de vídeo consistem em uma postagem com única mídia nesses respectivos formatos.

Os anúncios em carrossel são aqueles que reúnem várias fotos ou vídeos na mesma publicação. Eles permitem ao anunciante incluir uma legenda diferente para cada imagem, o que é bastante útil para vender itens diversos. Já as coleções possibilitam combinar fotos e vídeos de produtos, facilitando a compra a partir do dispositivo móvel, com *link* direto dos itens no próprio *app*, proporcionando ao usuário uma experiência de navegação instantânea.

Há ainda os *stories*, recurso que atrai milhões de contas diariamente. Diferentemente do que acontece com os *stories* tradicionais, os anúncios não desaparecem após 24 horas. Eles podem ser em foto ou vídeo, com duração máxima de 15 segundos, para o último caso, e só podem ser realizados com o objetivo de tráfego.

Anúncio *feed*

O *feed* de notícias é uma lista de atualizações e publicações de seus amigos na página inicial de ambas as plataformas, sendo atualizada constantemente.

- **Recomendações:**
    - Título 40 caracteres.
    - Descrição 30 caracteres.
    - Texto principal 125 caracteres.
- **Requisitos:**
    - Largura mínima 600 pixels.
    - Altura mínima 600 pixels.

- Exemplo de anúncio formato *feed*

Figura 6.37. *Anúncio formato* feed. *Fonte: Gerenciador de anúncios do Facebook.*

- Anúncio *stories* e *reels*

O *stories* e o *reels* são ótimos posicionamentos para veicular seus anúncios, isso porque conta com milhões de pessoas, que visualizam e compartilham com amigos, anúncios relacionados aos seus próprios interesses.

- **Recomendações:**
    — Resolução: 1080 × 1080 pixels (no mínimo).
    — 125 caracteres.
- **Requisitos:**
    — Largura mínima 500 pixels.
    — Tamanho máximo do arquivo 30 MB.

- Exemplos de anúncios formato *feed* e *reels*

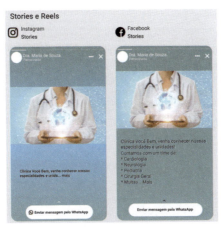

Figura 6.38. *Anúncios* feed *e* reels. *Fonte: Gerenciador de anúncios do Facebook.*

Formato anúncio carrossel

O formato em carrossel possibilita a apresentação de 10 imagens ou vídeos diferentes em um único anúncio, a fim de destacar individualmente diferentes serviços e produtos.

- **Recomendações:**
    - Título 40 caracteres.
    - Descrição 30 caracteres.
    - Texto principal 125 caracteres.
- **Requisitos:**
    - 2 a 10 cartões de carrossel.
    - Tamanho máximo do vídeo 4 GB.
    - Vídeo 1-15 segundos.
- **Exemplo de anúncios carrossel**

Figura 6.39. *Exemplos de anúncio carrossel. Fonte: Gerenciador de anúncios do Facebook.*

Criação de anúncios no Instagram *app*

- **Selecione seu objetivo de marketing:**
    - Visitas ao perfil.
    - Acessos ao seu site.
    - Mensagens no Direct/WhatsApp.
- **Defina seu público-alvo:**
    - Distribuição automática pela plataforma.
    - Segmente detalhadamente as características do seu público.

- Fluxo de criação de meta e público

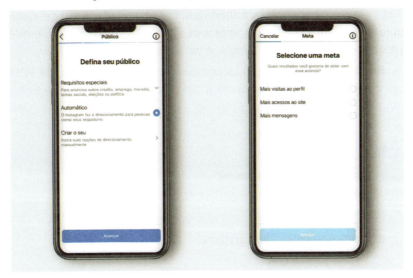

Figura 6.40. *Painel de criação de anúncio. Fonte: Instagram* app.

- **Orçamento e duração:**
    — Determine quanto pretende gastar diariamente.
    — Escolha a quantidade de dias que seu anúncio deve veicular.
- **Confirme suas configurações e conclua sua promoção.**

Figura 6.41. *Fluxo de criação de orçamento e confirmação. Fonte: Instagram* app.

WhatsApp

Hoje em dia, o WhatsApp é uma das maiores ferramentas de mensagens instantâneas utilizadas no mundo, usar isso a favor do seu negócio é uma importante estratégia para sua comunicação e para o seu marketing.

A conta deve ser configurada como uma conta comercial, de WhatsApp Business, para que você possa passar maior credibilidade e aproveitar todas as vantagens que o *app* oferece, por exemplo:

- Selo de verificação ✅.
- Perfil comercial.
- Etiquetas.
- Respostas rápidas.
- Mensagens automática.
- Catálogo de produto.
- Estatísticas.
- Informações de dados comerciais.
- Horário de funcionamento.
- Pagamentos.
- Catálogo de produtos.
- Enviar links com convites em forma de QR Code.

Plataforma Blip

Essa é uma plataforma de contato inteligente desenvolvida pela empresa Take, a Blip é uma das maiores ferramentas de automação de mensagens para o WhatsApp, que pode conectar atendimento humano e *chatbots*, sem limitações de atendentes, reduzindo as chances de ocorrer bloqueios na conta do WhatsApp e aumentando a produtividade da sua equipe.

A ferramenta é ótima para gerenciar sua equipe de atendentes, mensurar resultados como tempo de atendimento, mandar mensagem para sua base de dados, distribuir mensagens, rastrear *tags* etc.

Essa plataforma auxilia também na verificação do WhatsApp, isso aumenta a credibilidade do canal.

Vamos começar pela primeira funcionalidade do canal: é necessário cadastrar um número telefônico real que ficará disponível apenas para esse sistema, depois eles vão pedir diversos documentos para comprovação das informações empresariais para conseguir o selo de autenticação, continuando as configurações é necessário o e-mail de todos os colaboradores e criar canais de atendimento. Essa plataforma fornece um treinamento completo para aprender as principais ferramentas e configurações da plataforma para começar a usar.

Chatbot

Chatbot é um *software* que interage, por meio de mensagens, com os usuários de uma determinada rede, por intermédio de uma linguagem clara, acolhedora, humanizada e objetiva, visando agilizar o atendimento, em um fluxo de contato inteligente, sem a necessidade de operação humana, a fim de esclarecer toda as dúvidas e necessidades do cliente por um meio de processos de inteligência artificial.

Já é possível o uso de inteligência artificial no WhatsApp, por meio de automação dentro de um *software* que analisa, automaticamente, os dados fornecidos pelos pacientes em forma de mensagens automáticas, seguem fluxos com processos diferentes de tomada de decisão, oferecendo respostas ou realizando agendamentos automatizados, informando o número de protocolos de exames, encaminhando os pacientes para diferentes setores da empresa, dentre outras necessidades.

Com essa plataforma é possível criar um *chatbot* pelo Builder, você cria um mapa com o fluxo de processos de automação que o usuário deve navegar pela jornada de atendimento.

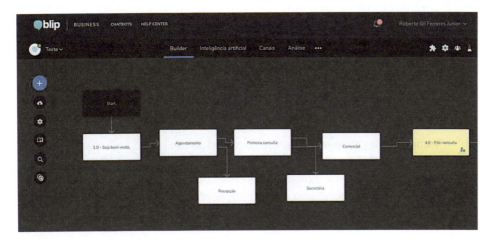

Figura 6.42. *Painel Blip.*

Quando configurado o fluxo de processo que deverá seguir o atendimento do paciente, o colaborador terá acesso a uma plataforma com abertura de chamados e *tickets*. Não se esqueça que o *chatbot* precisa ter uma narrativa amistosa e um fluxo inteligente, caso haja qualquer erro de configuração e o paciente não goste da jornada ou não entenda a mensagem, a conversão pode ser reduzida e diminuir drasticamente a receita e os agendamentos.

"As pessoas querem dialogar com as empresas da mesma maneira que conversam entre si: por mensagens! Estamos fazendo dessa visão, uma realidade". Roberto Oliveira, cofundador e CEO da Take Blip.

Figura 6.43. *Exemplo de conversa pelo chatbot via WhatsApp.*

Quando a jornada do paciente é concluída pelo *chatbot*, o cliente é encaminhado para o portal de atendimento com uma abertura de *ticket*.

Figura 6.44. *Painel de* chatbot.

O gestor de atendimento tem acesso a todas as informações e métricas em um *dashboard*.

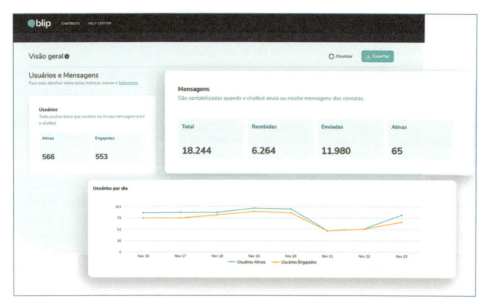

Figura 6.45. *Painel de informações e métricas.*

Essa plataforma permite, também, realizar estratégias de *growth hacking*, entrar em um fluxo de automação de mensagens para pacientes inativos, fazendo com que eles voltem a agendar consultas. Para realizar esse processo é necessária a validação do Facebook da mensagem, caso pareça *spam* ou incomode o cliente, esse processo pode ser bloqueado.

Figura 6.46. *Painel do portal da empresa Blip exemplificando a ferramenta de disparo de mensagens ativas do WhatsApp.*

Twitter

A rede do passarinho apresenta boas, e pouco exploradas, oportunidades de você se conectar com sua audiência e se tornar uma voz relevante dentro da sua área de atuação. Muito mais do que uma simples rede social, a plataforma se identifica como uma "rede de notícias" devido às políticas internas e produtos que facilitam a troca rápida e verificação de informações.

Em sua missão de promover a conversa pública e saudável, a plataforma conquistou uma legião de *twitteiros* que acompanham tudo como se estivessem lendo o jornal da manhã. A presença de tantas vozes de poder e impacto, como jornalistas, cientistas e políticos, torna a rede responsável por ser o canal principal de conversa de grandes nomes. Mas ninguém fica para trás, aqui todos podem chamar a atenção e atingir – muito rapidamente – uma quantidade grande de pessoas.

Vamos mergulhar no funcionamento do site/aplicativo em si. Ao entrar, o usuário se depara com uma *timeline* em tempo real e com os seguintes conteúdos: postagens e compartilhamentos de pessoas que você segue, e, o grande diferencial: postagens curtidas por seus amigos e aquelas que se relacionam com seus interesses particulares. Assim, os *tweets* – nome das publicações no Twitter, que possuem até 280 caracteres e podem ter criativos de vídeo ou imagem – atingem de maneira rápida e orgânica muitas pessoas.

Na aba explorar é onde ficam localizados os famosos *trending topics*, assuntos mais falados do momento, e divididos por temas: para você, COVID-19, assuntos do momento, notícias, esportes e entretenimento.

Figura 6.47. *Aba explorar.*

Os dois produtos listados – *timeline* e aba explorar – influenciam muitas pessoas a entrarem no Twitter para se manterem em dia com o que está acontecendo e procurarem informações. Mas afinal, como se destacar como profissional da medicina em um ambiente onde tantas pessoas possuem o poder de alcance?

A primeira coisa a se definir é seu nome de usuário na rede. É importante manter um @ simples e curto para garantir que as pessoas irão te mencionar, mas para ser lembrado, garanta que terá seu nome e título de doutor(a). As pessoas estarão mais propensas a quem você é. Mantenha, porém, uma unidade de perfil em todas as suas redes, assim, as pessoas poderão te identificar de outros canais.

Falando da foto e capa do seu perfil, tenha em mente a imagem que quer passar para as pessoas. Ela que irá guiar, visualmente, a imagem que o Twitter terá de você. Aproveite a chance de fazer seu *branding*, antes mesmo de iniciar qualquer comunicação.

Otimizar sua biografia – espaço para descrição pessoal que fica no perfil do usuário – é sua chance de explicar para o mundo quem você é de modo fácil e certeiro. Seja breve e profissional.

Defina também seu objetivo com o uso da rede. Nem todos os KPIs podem ser facilmente alcançados, mas o Twitter pode facilitar – e muito – a relevância da sua marca pessoal diante a audiência que você quer atingir. Isso pode não significar altos números de consultas marcadas, mas falando de reconhecimento, terá ótimos resultados.

A verdade é que a rede é muito útil para divulgação de conteúdos e relacionamento com o consumidor, uma vez que as postagens se espalham com rapidez.

Pensando em combater as notícias falsas e dar lugar de fala a quem possui propriedade em sua área de formação, a rede possui um processo de verificação de contas que prioriza profissionais, dentre eles, médicos, cientistas e acadêmicos. Ter o selo de verificação te torna protagonista dentro das conversas da sua área e promove uma melhor proliferação dos seus *tweets*. Afinal, no Twitter, estar verificado é saber sobre o que você está falando.

Para solicitar seu selo azul, escaneie o código a seguir e confira o passo a passo.

Selo de verificação do Twitter.

Uma vez que você decida usar o Twitter, como um canal profissional, terá que se manter dentro das conversas que realmente estejam alinhadas com seu trabalho.

● Portfólio de produtos

A plataforma possui uma grande variedade de produtos e serviços que são divididos em dois grupos: os destinados aos usuários da plataforma, e os oferecidos a anunciantes.

Produtos para o consumidor são aqueles feitos para promover e ampliar a experiência dentro da plataforma. São eles:

- As abas são as principais páginas presentes dentro do Twitter:
  - Perfil: página que reúne todo o histórico de postagens e engajamentos de um perfil do Twitter.
  - Timeline: aba onde é atualizado para o usuário as interações feitas pelos perfis que ele segue em tempo real.
  - Explorar: onde fica reunido todo o conteúdo relevante para o usuário de acordo com o seu perfil e subcategorias gerais.
  - Mensagem direta: formato de conversas privadas.
- Recursos de mensagem:
  - Tweet: formato de postagem pelo qual pode-se escrever até 280 caracteres, postar fotos, vídeos, links ou mensagens de áudio.
  - Retweet: compartilhamento de um tweet de outra conta, com sua audiência.
  - Thread: devido à limitação de 280 caracteres de um tweet, a thread é um formato que permite a junção de várias postagens em sequência para dar continuidade à mensagem.
  - Moments: possibilita a construção de histórias por meio de uma seleção específica de tweets que ficam separados dentro de uma página específica.
  - Listas: acompanhar postagens de contas específicas em uma timeline personalizada.
  - Periscope: transmissão de vídeo em tempo real.
  - Espaços: recurso de salas de bate-papo em áudio ao vivo.

Produtos para marcas são os formatos de anúncio vendidos pelo Twitter, plataforma de Ads para anunciantes e as áreas de serviços estratégicos para marcas. São eles:

- Formatos de takeover: oferecem impacto em massa e necessitam alto investimento:
  - First View: coloca sua marca no topo da timeline dentro de um período de 24 horas por meio de um conteúdo premium de vídeo. É a primeira postagem que o usuário vê quando entra na plataforma.

- *Trend* promovida: coloca sua *hashtag* em destaque na aba explorar, impactando as pessoas do Twitter em seu momento de maior receptividade, a descoberta do que há de novo.
- *Spotlight*: solução de maior impacto da plataforma, coloca o vídeo e *hashtag* da sua campanha no topo da aba explorar durante 24 horas.

- Execuções personalizadas: deixam o conteúdo mais atraente:
  - *Conversational card*: *tweet* com botões *call-to-action* que solicitam aos usuários *tweetar* em resposta uma a sua marca.
  - Lembretes de marca: *tweet* que solicita às pessoas escolherem receber conteúdo ou experiências de valor diretamente da sua marca.
  - Emoji de marca: adiciona um elemento criativo, divertido e com visual atraente sempre que sua *hashtag* for usada no Twitter.

- Formatos de anúncio padrão:
  - *Tweet* de áudio, texto, imagem ou vídeo promovido: com exibição nativa na *timeline*, o anúncio pode ser qualquer tipo de *tweet*.
  - *Website card*: promover o site da sua marca usando criativos de vídeo, imagem ou Gif, *linkados* para a URL do site.
  - *App install card*: promover o aplicativo da sua marca usando criativos de vídeo, imagem ou Gif. Possui botão *call-to-action* que leva à instalação.
  - Enquete: formato que incentiva o engajamento por meio de uma pergunta com botões de resposta.
  - Vídeo ao vivo promovido: ajuda a maximizar conteúdos ao vivo pelo Periscope.

- Twitter Amplify: alinha o conteúdo da marca à *publishers premium*:
  - Pre-roll do Amplify: associa sua marca com *publishers* relevantes e *brand safe* por meio de vídeos em Pre-roll antes dos conteúdos.
  - Parcerias do Amplify: alinhamento individual e personalizado da campanha da marca com conteúdos de um único *publishers*.

- Twitter Ads:
  - Plataforma que viabiliza a venda de anúncios, segmentação de público e postagem de campanha.

Dentre todos os produtos citados, os mais acessíveis para pequenas empresas são os formatos padrão. Esses não possuem uma barreira mínima de investimento e podem ser acionados pela plataforma de Ads do Twitter.

Para saber mais sobre o portfólio de produtos do Twitter, acesse o QR Code a seguir.

Portfólio de produtos do Twitter.

- **Engajamento orgânico**

A audiência do Twitter é diferente de outras redes e por isso, apesar de existirem alternativas de investimento de mídia, o seu perfil pode crescer organicamente. Para isso, você deve se tornar um criador de conteúdo pertinente e correr atrás do selo de verificação para te garantir confiança.

Compartilhe conteúdo útil para o público que deseja atingir. As pessoas vão à rede para participar de conversas e se informar, então é preciso engajar da maneira correta. Lembrar que um *tweet* possui a vida útil curta, é importante, mas existem macetes que podem fazer sua mensagem circular com força.

Tweete em momentos de pico. Esses podem acontecer em horários chave: pela manhã e no período da noite as pessoas estão mais engajadas. Ou quando um assunto está sendo amplamente discutido na plataforma, e você pode agregar, se conecte com a conversa e se torne parte dela no *timing* e contexto ideais. Para isso, é preciso observar o que está sendo falado e pensar com cuidado o que você tem a adicionar, pois assuntos que são tendência recebem uma atenção reforçada da audiência.

Usar *hashtags* garante que sua mensagem seja vista por quem está procurando o que está sendo dito sobre um determinado tema, mas se lembre que há uma limitação de 280 caracteres, então selecione poucas e eficientes.

Criativos de vídeo e imagem chamam a atenção e ajudam seu conteúdo a se destacar.

Para finalizar, recomendamos utilizar chamadas – os famosos CTAs – para pedir engajamento das pessoas. Uma boa ideia é criar enquetes para que haja votos em um determinado assunto, ou também adicionar links de direcionamento para seu site.

TikTok

Você já deve ter se deparado com diversos vídeos com o logotipo do TikTok em suas redes sociais e isso não é de se estranhar, afinal, o TikTok é uma das redes de maiores sucessos ultimamente e ganhou maior destaque a partir de 2019, entre os jovens.

O aplicativo, que é gratuito para iOS e Android, consiste em vídeos curtos de até 60 segundos e o motivo de maior sucesso é por conta das danças, desafios, dublagens e vídeos totalmente interativos.

Os vídeos que são postados, normalmente, precisam ser de acordo com o que a comunidade *tiktoker* gosta de consumir, pois o público-alvo é a geração Z (jovens que nasceram entre 1990 e 2010).

Com o poder do TikTok, grandes marcas como Magazine Luiza, Americanas, Nubank, dentre outras, estão utilizando o algoritmo para o alcance orgânico, pois ele possui um grande potencial de captação, já que os conteúdos ganham bastante visibilidade pela qualidade, independentemente do número de seguidores que você possui.

Os Influenciadores também tentam conquistar essa plataforma tão conhecida atualmente, pois ganhando seguidores no TikTok, conseguem migrar essas pessoas para o Instagram ou "rede vizinha" como os jovens costumam chamar.

Como engajar no TikTok

O TikTok é uma rede social que faz sucesso com vídeos curtos, 15 segundos e 30 segundos. Atualmente, a plataforma atualizou e agora permite vídeos de até 3 minutos, porém, os vídeos que mais viralizam, continuam sendo os curtos.

A plataforma conta com todos os tipos de vídeos, os engraçados e os informativos costumam engajar muito. Sendo assim, o profissional que desejar engajar nessa rede de maneira orgânica, pode abordar o assunto de sua especialidade de maneira mais divertida. Pode usar e abusar das ferramentas que a própria plataforma disponibiliza: efeitos, duetos, montagens e edições. A criatividade na criação de conteúdo fará toda a diferença.

A proctologista, Dra. Gilmara dá dicas de prevenção com vídeos animados, que despertam o gatilho de curiosidade dos pacientes e de seguidores.

Figura 6.48. *Perfil de médica proctologista. Fonte: TikTok.*

A entrega de vídeos do TikTok é maior que a entrega do Instagram. Se o seu vídeo for para *For You* (página inicial), há grandes chances de viralizar, trazendo mais seguidores para sua conta, além de ganhar muitas visualizações.

Figura 6.49. *Exemplo de vídeo viral. Fonte: TikTok.*

É possível usar *hashtag* na legenda de seus vídeos, para que possa entregar para o público segmentado e que tem interesse no assunto daquela *tag*.

Figura 6.50. *Pesquisa de hashtag. Fonte: TikTok.*

Principais dicas para criar conteúdo para essa plataforma e engajar:

- Aborde o assunto de sua especialidade.
- Crie vídeos criativos, divertidos e informativos.
- Dê dicas.
- Faça dueto com vídeos que já viralizaram, abordando seu assunto.
- Use a ferramenta de "responder comentários", em forma de vídeo, para responder seus pacientes e seguidores.
- Use as "músicas do momento" que estão fazendo sucesso na plataforma.

TikTok Ads

O TikTok Ads é uma plataforma exclusiva do aplicativo, voltada para criação de anúncios. Os formatos disponíveis são vídeos publicitários e banners.

A rede social, assim como ocorre nas demais, permite a configuração do público, segmentando-os pelos dados demográficos e pelo comportamento.

Uma das vantagens do TikTok, como canal publicitário, é que os vídeos patrocinados não podem ser pulados. Além disso, o TikTok utiliza inteligência artificial para segmentar os anúncios direcionados ao público que considera mais relevante para a campanha.

Desse modo, a segmentação não é feita apenas pela relação dos usuários (como as opções de amigos de amigos ou público semelhante, do Facebook Ads), o que garante anúncios com maiores chances de interação e conversão.

Como anunciar no TikTok

O primeiro passo para fazer anúncios no TikTok Ads é criar uma conta.

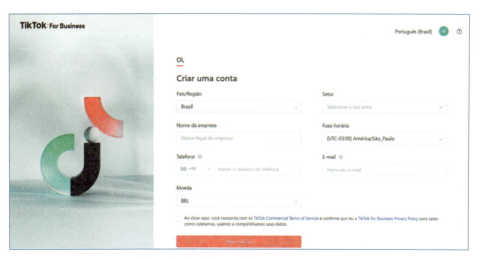

Figura 6.51. *Gerenciador de anúncio TikTok Ads. Fonte: TikTok Ads.*

No momento da criação de conta, deve-se selecionar o país. Também é preciso informar o objetivo, que pode ser comercial ou pessoal. Depois, é preciso responder seus dados pessoais e algumas perguntas com relação ao seu negócio, como área de atuação e o que deseja promover.

Figura 6.52. *Gerenciador de anúncio TikTok Ads. Fonte: TikTok Ads.*

Importante saber que a conta não é aprovada automaticamente. A equipe de suporte do aplicativo entra em contato para aceitar seu cadastro.

Depois de ser aprovado, já é possível criar os anúncios no TikTok Ads. O processo é semelhante ao de qualquer plataforma das redes sociais. A primeira etapa é entrar no TikTok Ads, clicar em *campaign tab* e depois no botão *create*.

A segunda etapa é escolher a meta do anúncio dentre as disponíveis (*traffic*, *conversion* ou *app install*) e nomear a campanha. Depois, é preciso escolher o formato do orçamento, ou seja, se será diário ou o valor total.

O próximo passo é selecionar o local e o público. As opções para o local são os *stories* ou o *feed* dos usuários.

Figura 6.53. *Gerenciador de anúncio TikTok Ads. Fonte: TikTok Ads.*

Feito isso, é hora de escolher o público que deseja atingir. A segmentação pode incluir idade, localização, gênero e interesses. Logo depois, é necessário optar pelo melhor modo de pagamento, marcando a data de pagamento e quando pretende começar o anúncio.

Existe a opção de dividir o valor do orçamento pelo número de dias, mostrando a campanha igualmente, ou gastar o máximo possível nos dias determinados.

Importante ressaltar que o TikTok Ads tem uma opção chamada *dayparting*, em que é possível escolher os horários ideais ou dias em que os anúncios podem rodar. Uma alternativa interessante do TikTok *Ads* é escolher a velocidade de visualizações do anúncio.

Para finalizar, deve-se escolher a meta da campanha (conversão, cliques ou impressões) e configurar o anúncio em si, escolhendo o nome, o vídeo e o formato (vertical, horizontal ou quadrado).

Reclame Aqui

"Toda empresa têm problemas, boa é aquela que consegue resolver". Maurício Vargas, Fundador do Reclame Aqui.

O Reclame Aqui é uma plataforma totalmente independente, que possibilita o pós-atendimento entre cliente/paciente e empresa.

Após a reclamação ser feita pelo consumidor, a empresa cadastrada na plataforma é notificada para que possa prestar suporte e realizar sua defesa, a fim de sanar as questões e reclamações de seus pacientes.

Quanto mais reclamações e menor sua reputação no Reclame Aqui, influencia negativamente em grande escala, a credibilidade e qualidade da sua empresa/produtos ou serviços.

Mesmo que você tenha poucas reclamações, o site possibilita a acessos de milhares de usuários, e dependendo do conteúdo das reclamações dos clientes pode gerar prejuízos financeiros e a reputação da empresa no mercado digital.

Recomendamos também a plataforma Hugme, do Reclame Aqui, que auxilia na gestão dos clientes do SAC e da ouvidoria. Essa plataforma é integrada também às redes sociais e ao Reclame Aqui, tendo um monitoramento maior da reputação da empresa nas mídias. Uma dica é os cursos oferecidos pelo Reclame Aqui para os colaboradores que tem atendimento direto ao público e precisam resolver desafios diários.

Hugme – *software* de atendimento

Software multicanal de atendimento, monitoramento e gestão de clientes, com 100% de integração com o Reclame Aqui e redes sociais.

Figura 6.54. *Painel Hugme. Fonte: https://parasuaempresa.reclameaqui.com.br/hugme.*

- Brand Page

A Brand Page do Reclame Aqui é uma página paga, dentro da plataforma, na qual, você pode personalizar as informações que deseja exibir da sua empresa, como por exemplo, publicações de avisos, publicações de vídeos e imagens, criar alertas e tirar dúvidas frequentes de pacientes.

O RA Analytics também é liberado, com ele você consegue ver quantos acessos sua página teve, quais reclamações foram mais vistas e ainda pode comparar essas informações com seus principais concorrentes.

Com a Brand Page, você também ganha acesso a divulgar seus produtos e serviços, como se fosse um catálogo, dentro da própria plataforma.

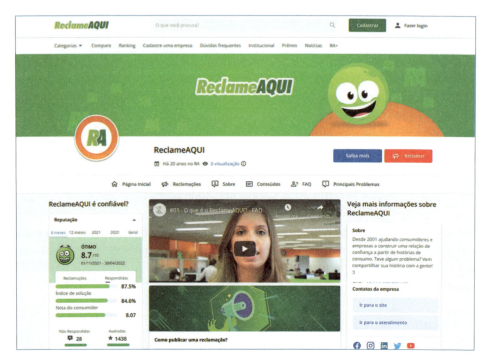

Figura 6.55. *Plataforma Reclame Aqui. Fonte: Reclame Aqui.*

- Como verificar sua página ✓

A verificação no Reclame Aqui é essencial para que você conquiste a confiança do seu paciente e passe o máximo de credibilidade possível, visando aumentar a taxa de conversão em atendimentos.

Para conseguir o selo de verificação, é necessário ter sua clínica cadastrada na plataforma e ter um bom atendimento, isso porque, empresas com reputações ruins precisam trabalhar para melhorarem sua imagem até que esteja com a reputação mínima para o selo.

O Reclame Aqui audita todos os meses sua empresa para que continue com o selo, caso a empresa não passe, a plataforma pode remover o selo de verificação, é um cruzamento de dados do Serasa, testagem do seu canal com os clientes, situação do CNPJ e protestos.

- Método de auditoria mensal

Figura 6.56. *Método de auditoria mensal. Fonte: Reclame Aqui.*

Selo RA1000

Esse selo foi criado para destacar e reconhecer empresas com níveis de excelência pelo Reclame Aqui. São empresas que atendem a cinco critérios:

- Mais de cinquenta avaliações.
- Índice de resposta igual ou superior a noventa por cento.
- Índice de solução igual ou superior a noventa por cento.
- Média acima de sete de avaliação do cliente.
- Índice de novos negócios igual ou acima de setenta por cento.

PARTE 4
Telemedicina

7

Telemedicina

O atendimento médico não se restringe ao ambiente clínico ou hospitalar.

A telemedicina, serviço de atendimento médico à distância, tornou-se uma opção, indispensável, para a saúde quando o mundo se viu diante do dilema de atender pacientes em hospitais, foco de contaminação do coronavírus ou manter o atendimento à distância, por intermédio da telemedicina.

Mas a telemedicina veio muito antes da pandemia do coronavírus assolar o mundo.

Um dos marcos principais para a efetivação da telemedicina ocorreu em 1967, no Hospital Geral de Massachusetts, nos Estados Unidos, quando a unidade foi ligada diretamente ao aeroporto da cidade de Boston. A partir dali, o aeroporto poderia comunicar diretamente quando houvesse algum paciente a caminho e qual era a situação dele.

No Brasil, a regularização da telemedicina vem em agosto de 2002, com a criação da primeira lei regulamentar, a Resolução do CFM n° 1643/2002, que permitia a interação médico-médico para consultas e pareceres em todo o país por meio da telemedicina. Já em 2003, foi incluída a emissão de laudos à distância, o que deu início à telerradiologia.

Com a pandemia da COVID-19, em 23 de março de 2020, o Ministério da Saúde derrubou a portaria 467, que legalizava a prática da teleconsulta e suas modalidades teleatendimento e telediagnóstico durante o período que durar a pandemia, levando em consideração o contexto emergencial.

Nesse momento, a realização da telemedicina assumiu um caráter mais protetor com relação à transmissão do SarsCov-2, do que uma inovação tecnológica que permitiu melhorias no atendimento à população.

Apesar disso, tal contexto emergencial permitiu a experimentação da implementação da telemedicina em diversos contextos, proporcionando dados preciosos para que novas leis sejam implementadas no período pós-pandemia, o que traz a possibilidade de inovações e grandes mudanças para a saúde.

Olivier Thierry, diretor-presidente da Qare, uma plataforma da França de telemedicina, espera que a telemedicina venha a representar, até o final de 2021, por volta de 10% das atuais 400 milhões consultas médicas por ano na França. Em 2019, a Qare registrou 80 mil consultas comparadas às 8 mil em 2018, seu primeiro ano completo de funcionamento.

Como um divisor de águas, a pandemia da COVID-19 impulsionou a fortificação da telemedicina, que passou de um modelo opcional e se tornou obrigatório para certos pacientes, dependendo de sua demanda por atendimento.

As clínicas precisaram se acostumar ao novo ambiente *on-line*: atender o paciente com a mesma qualidade e seriedade que um atendimento presencial.

Por isso, visando um mundo pós-pandêmico, em que a medicina precisará se adaptar à telemedicina mais do que nunca, vamos conhecer quatro domínios da telemedicina e possibilidades que cada um traz de atendimento.

Teleconsulta

A consulta é feita *on-line* da maneira mais crua de sua definição. O paciente entrará no seu site ou plataforma de atendimento, entrará em contato direto com o profissional que atenderá sua demanda. Esse profissional pode encaminhá-lo então para uma consulta presencial ou gerar uma receita de medicamentos, caso seja necessário.

Telepropedêutica ou propedêutica não presencial

Ao contrário da consulta presencial, os profissionais não poderão pedir exames físicos para o paciente.

Assim, a anamnese, uma entrevista inicial feita pelo médico para criar um diagnóstico da doença do paciente, recebe ainda mais importância. O profissional deve ter em mente quais são os elementos mais importantes da história clínica, que o permitirão direcionar seu raciocínio – mesmo sem as informações de um exame físico completo.

É necessário que o profissional saiba das limitações do atendimento à distância e consiga avaliar se é necessário um atendimento presencial, classificando como insuficiente o atendimento à distância.

É de se aconselhar que as primeiras consultas não sejam realizadas via telemedicina, já que há grandes limitações referentes aos sinais clínicos, que podem ser obtidos na telepropedêutica e com a relação médico-paciente.

Telediagnóstico

Nessa modalidade, a anamnese é de suma importância, já que no telediagnóstico é de se esperar que a relação médico-paciente não seja presencial.

O profissional precisará avaliar com calma, seguindo seu diagnóstico apenas com as descrições, elaborando perguntas mais diversas, talvez até criando exercícios para que o paciente possa fazer e descrever o que sente ou o que precisa ser avaliado.

Telemonitoramento

O telemonitoramento é dar uma grande atenção aos grupos de pacientes com doenças crônicas.

Aqui, são utilizadas as ferramentas da telemedicina e alguma programação para realização de contatos muito frequentes, para manter tais pacientes dentro das metas terapêuticas e empoderá-los por meio de uma educação continuada, para que entendam seu papel no processo de saúde-doença.

Um exemplo seria o monitoramento constante à distância da glicemia de pacientes portadores de diabetes, ajudando-os a se manterem em níveis glicêmicos adequados e evitando as complicações da doença.

Mobile health (uso de *devices* e/ou *wearables*)

Mobile health são os dispositivos que o paciente pode ter em casa, ou que utiliza no dia a dia, e que armazenam informações relacionadas ao seu estado de saúde.

Os relatórios são enviados periodicamente para centrais de processamento, que proporcionarão relatórios úteis aos profissionais de saúde.

Isso permite que os responsáveis pelos cuidados do paciente tenham um acompanhamento mais efetivo e possam elaborar planos terapêuticos mais individualizados.

Agora que você conhece os domínios, vamos analisar algumas ferramentas necessárias para exercer a telemedicina e conhecer as suas limitações, uma vez que você já consegue direcionar melhor qual domínio se alinha com o seu objetivo.

Termo de consentimento

Toda consulta começa antes mesmo de o paciente entrar no ambiente digital para a consulta à distância.

Por esse motivo, o paciente deve estar ciente de todas as limitações e implicações da telemedicina antes do atendimento. O termo deve explicitar a possível conversão de uma consulta *on-line* para uma presencial, caso seja necessário.

Aqui, é aconselhado criar um documento, semelhante a um TCLE[1], que o paciente possa ler e assinar antes da consulta.

O termo pode ser enviado por e-mail ou estar disponível no aplicativo da rede clínica.

---

1 *Termo de Consentimento Livre e Esclarecido: documento elaborado com linguagem acessível e que, após os participantes serem devidamente esclarecidos sobre os detalhes da pesquisa, poderão explicitar sua concordância na participação na pesquisa.*

Tecnologia adaptável

Apesar de ser à distância, a telemedicina carrega o mesmo peso de qualquer outro ato médico (presencial ou não), por isso, de acordo com o Prof. Dr. Chao Wen, da Faculdade de Medicina da USP, ela deve respeitar todas as leis do CFM aplicadas às consultas presenciais. Ou seja, é necessário dobrar a atenção com a transmissão de informações, tomar cuidado especial com o sigilo médico, a veracidade e autenticidade das informações. Para que esse fim proteja, tanto à clínica, quanto ao paciente, é aconselhável que plataformas específicas para esse fim sejam utilizadas.

Evite usar aplicativos de troca de mensagem como WhatsApp, Facebook ou Telegram para esse propósito, não é o mais indicado, já que não há controle efetivo sobre as informações dadas e recebidas.

Você se lembra de que a consulta começa antes mesmo de o paciente entrar na sala de atendimento? Esse cuidado mostra a ele a seriedade com que a sua clínica leva aquela pessoa.

Entrar em um site confiável com seu logotipo, que tenha informações para contato e segurança de sigilo é um passo importante para o visual do paciente, quando ele optar pelo seu serviço. Do mesmo modo que uma fachada suja e pichada não é atrativo para um paciente, um ambiente digital confuso e inseguro não vai chamar a atenção dele para o atendimento.

Certificação digital

Ela corresponde a um tipo de ação legal que reconhece que a receita médica ou laudo digital é de um determinado profissional, ou seja, aquele documento é irrefutável e atesta quem é o profissional responsável.

O certificado digital é seguro e cumpre os pré-requisitos de ética médica, e não é a mesma coisa que digitalização do receituário.

Ao fazer uma prescrição à mão, tirar foto e enviar ao paciente, você estaria ferindo os princípios da ética médica, além de colocar em crédito a sua capacidade profissional.

O paciente precisa de segurança. Você se sentiria seguro recebendo uma foto de uma receita médica?

Cobrança de consulta

O médico é remunerado pela responsabilidade assumida na assistência, e tanto o médico, quanto o paciente devem estar cientes disso. O profissional assume as mesmas responsabilidades com relação ao paciente na teleconsulta que teria na presencial.

148   Marketing Essencial para Médicos – Conecte-se com Seu Paciente

De acordo com o CFM e a Agência Nacional de Saúde Suplementar (ANS), a formulação de hipótese diagnóstica, definição de plano terapêutico e atendimento ao paciente devem ter o mesmo peso de cobrança tanto na teleconsulta quanto na presencial.

No caso dos médicos que não recebem pelo modelo tradicional de remuneração (*fee-for-service*), como aqueles que são remunerados por meio da realização de uma linha de cuidado, deve ser acordado entre as partes todos os detalhes envolvendo a implementação da telemedicina.

Como vimos, a telemedicina é o futuro das consultas, especialmente após ser forçada pela pandemia da COVID-19, no mundo todo — ou seja, não é algo isolado e que sumirá com o tempo. É uma modalidade que veio para ficar. A tendência é que o processo de expansão seja cada vez mais rápido.

No período pós-pandemia, essa modalidade de atendimento será consolidada, e todo profissional que deseja uma posição confortável e de destaque no mercado deve sempre buscar o que há de mais novo e permanecer adaptado para sua utilização.

O telemonitoramento e a *mobile health* provavelmente serão as áreas com maior expansão. Desse modo, é imprescindível ter um prontuário digital e ferramentas para teleconsulta que interajam com as informações proporcionadas por esses dispositivos e que permitam a realização do monitoramento adequado dos pacientes.

PARTE 5
Estratégias de Marketing, Vendas e Fidelização

8

Planejamento de marketing

Uma vez aprovado o plano estratégico da empresa, entra em curso a árdua tarefa de elaboração do orçamento, uma vez que para toda ação existe um custo financeiro associado, ou seja, para colocar em prática qualquer etapa do plano de marketing, precisaremos dos recursos financeiros correspondentes. Não podemos esquecer que após a elaboração do plano estratégico existe a necessidade de traduzi-lo em metas organizacionais, que poderão ser desdobradas em diversas ações, e acompanhá-las por meio de indicadores chaves ou simplesmente KPIs (*keyperformance indicators*). Eles auxiliarão na tarefa de acompanhamento do orçamento de receitas e custos, pois são de fácil entendimento e apresentados por meio de gráficos comparativos. Lembrando que aquilo que não se mede não se gerencia.

Um planejamento de marketing é um documento escrito que detalha as ações necessárias para atingir um ou mais objetivos de marketing. Pode ser um planejamento para a marca, para um produto ou serviço, ou para as linhas de produtos. Esse documento será apresentado em forma de um plano de marketing. Sendo que todos eles possuem um objetivo central, que é a tradução em vendas ou monetização das ações.

Planos que não fecham ciclos de venda deverão ser revistos e avaliados quanto a sua eficácia, é importante que essa análise seja realizada com foco no médio e longo prazo, para que não se descontinue uma campanha por visão limitada ou falta dela. A maioria das pequenas e médias empresas brasileiras possui foco no curto prazo (até 12 meses) e devido a escassez de recursos, muitas vezes toma decisões baseadas apenas no fluxo de caixa (cabeça de dono), devendo virar essa chave para cabeça de investidor, pois, a criação e consolidação de uma marca poderá ultrapassar esse curto período. Todas essas etapas estão sempre alinhadas com a maturidade de controles internos da empresa.

A empresa precisa estar em equilíbrio entre o seu propósito (missão) e as entregas ao público final (B2C). As fases de maturação dos controles internos ou simplesmente ambiente de controles é estabelecida de 1 a 5, sendo o primeiro nível, aquele em que não há nenhuma abordagem formal desenvolvida e o 5, que é a fase em que a gestão de riscos e controles internos estão totalmente incorporados às operações. Caruso (2016).

Plano de marketing empresarial

Para desenvolver um plano de marketing empresarial, é importante considerar os seguintes passos:

- **Estabelecer a proposta de valor para o paciente** e entender bem quais serviços/produtos a empresa irá oferecer para alcançar novos pacientes.

- **Definir a missão, visão e valores** da empresa que irá nortear todas as decisões e ações da organização. Para isso, recomenda-se seguir o seguinte quadro.

Princípios
Missão Qual a minha missão nesse mundo? Qual o sentido de fazer o que faço diariamente? Pra quem? Pra que? Por que? **Ex.:** Um médico poderia responder: "Tirar a dor de todos aqueles que sofrem de algum mal e melhorar a qualidade de vida provendo a saúde da sociedade."
Visão O que eu realmente quero ser no futuro? Onde eu quero chegar no campo profissional e pessoal? Até onde eu posso ir? Existe alguma limitação? Qual? Quais tipos de conquistas eu almejo? **Ex.:** "Ser referência na minha área de atuação, contribuindo para o avanço da saúde e qualidade de vida a todos."
Valores Quais os comportamentos e características que valorizo nas pessoas nos processos e nas coisas? Que tipo de atitude eu admiro? Quais valores observo que distinguem uma concorrência? Quando eu avalio algum processo, que tipo de atributos considero relevante? **Ex.:** "Atender os pacientes com éticas, respeito, equidade, amor, empatia e compaixão ao ser humano."

Figura 8.1. *Processo de definição dos princípios de missão, visão e valores e exemplificação para um consultório de um médico recém-formado.*

- É necessário realizar uma auditoria **externa** e **interna de marketing** para entender onde a empresa está "agora". É o momento de pensar no ambiente e nas operações relacionadas.

A **auditoria externa**, como já visto anteriormente em macroambiente, deve analisar o ambiente econômico, o ambiente político-fiscal e legal, ambiente social-demográfico-cultural, ambiente tecnológico e ambiente intraempresarial. Já a **auditoria interna** tem como finalidade, analisar as forças e fraquezas da organização com relação às concorrentes, aprendendo com elas e permitindo o melhor desenvolvimento do negócio.

- **Medir a competitividade** com a ferramenta de *benchmarking* que avalia a empresa perante os concorrentes do mercado e apontar se a empresa está inserida nele ou não. Recomenda-se considerar as teorias formuladas pelo economista e atual professor da universidade de Harvard, Michael Porter, sobre as cinco forças externas (Porter, 2004) que influenciam internamente o negócio e que podem torná-lo menos rentável.

- **Realizar a análise SWOT** do macro e microambiente. As auditorias internas e externas permitem obter bastante informação sobre o mercado, concorrentes e poder de negócio. Para resumir todas essas informações de modo simples, lógico e útil é utilizar essa ferramenta.

- **Realizar estudo como a curva ABC** dos produtos e serviços que mais vendem e têm a maior margem de lucro.

- **Classificar os produtos/serviços** oferecidos pela empresa de acordo com a geração de fluxo de caixa, sua utilização e crescimento. Tal fator é importante para atingir um balanço no portfólio da empresa, refletindo sobre o que é relevante manter e investir, e o que pode deixar de ser ofertado. Assim, a empresa pode utilizar suas forças para capitalizar e potencializar suas oportunidades de crescimento.

- **Criação de *release* com descritivo do que a empresa vai ofertar, logomarca, identidade visual e definição dos canais de divulgação da empresa e mapear toda a presença digital.** O desenvolvimento de uma marca precisa envolver a contratação de profissionais capacitados em criação gráfica que deverá fazer um manual padrão personalizado de identidade, com as características da empresa. Após essa linha de conceito aprovada é preciso alinhar essa linguagem com as redes sociais, site, anúncios etc.

- **Selecionar o posicionamento da marca e o público-alvo.** Considerando-se os pontos fortes que a empresa pode oferecer (estilo, preço, qualidade, praticidade, instalação, conveniência), é possível gerar as oportunidades para agregar valor que a diferencie da concorrência. Para segmentar o mercado-alvo, pensa-se em critérios geográficos, demográficos (renda, sexo, idade, educação, geração), psicográficos (estilo de vida, personalidade, posicionamento político), comportamentais (taxa de uso, grau de vínculo com o produto, benefícios).

- **Definir metas (da ordem quantitativa)** e **objetivos (da ordem qualitativa)** que a empresa possui como seus propósitos.

- **Criar estratégias de marketing considerando produtos, preços, distribuição e publicidade** e inseri-las em um plano de ação para realmente "fazer acontecer" o projeto.
- **Estudar e planilhar as despesas de marketing com resultados econômicos e a taxa de retorno do investimento** para a alta direção da empresa e acionistas, com a finalidade de compreender qual a real viabilidade financeira do plano de marketing.

Elaborar o estudo de viabilidade econômico-financeira para entender cada uma das etapas e o seu custo associado, a fim de que todo o combustível destinado para a viagem seja suficiente para chegar ao final do trajeto, com o máximo de eficiência e eficácia. Essa é uma das etapas mais difíceis do trajeto, pois, deverá priorizar as principais ações, para que os recursos financeiros sejam suficientes ou atinjam as ações de maior retorno quantitativo e qualitativo, sendo que uma boa análise de risco de projetos irá contribuir para sua mitigação ou diminuição quanto a incerteza de um evento produzir perdas reais. (Manual de Análise de Risco, brasiliano, 2003).

ORÇAMENTO DE MARKETING TRIMESTRAL

DESCRIÇÃO DE DESPESAS	OPERACIONAL	VALOR
PROFISSIONAIS		
Gerente de Marketing	INTERNO	R$ 15.000,00
Analista de Marketing	INTERNO	R$ 5.000,00
Analista de Mídia	INTERNO	R$ 5.000,00
Jornalista	INTERNO	R$ 5.000,00
WebDesign front-end	INTERNO	R$ 5.000,00
Agência		
Agência de Marketing 1	EXTERNO	R$ 25.000,00
Agência de Marketing 2	EXTERNO	R$ 15.000,00
SITE		
Certificado SSL	ASSINATURA	R$ 350,00
Dominio	ASSINATURA	R$ 100,00
Hospedagem	ASSINATURA	R$ 200,00
CAMPANHAS PATROCINADAS		
Gestão Campanhas Facebook	EXTERNO	R$ 100.000,00
Gestão Campanhas Adwords	EXTERNO	R$ 50.000,00
SOFTWARES E FERRAMENTAS		
Rd Station	ASSINATURA	R$ 2.000,00
blip	ASSINATURA	R$ 2.500,00
Mlabs	ASSINATURA	R$ 19,90
Hugme	ASSINATURA	R$ 385,00
PRODUÇÃO DE VIDEO CANAL DO YOUTUBE		
Produtora	EXTERNO	R$ 10.000,00
PRODUÇÃO DE FOTO E ESTÚDIO		
Fotógrafo e estúdio	EXTERNO	R$ 3.000,00
GRÁFICA E BRINDES		
Gráfica 1	EXTERNO	R$ 10.000,00
Gráfica 2	EXTERNO	R$ 5.000,00
Brindes	EXTERNO	R$ 30.000,00
TOTAL		R$ 288.554,90

(As colunas MÊS 1, MÊS 2 e MÊS 3, subdivididas em semanas 1, 2, 3 e 4, indicam com marcações o período de execução de cada despesa.)

Figura 8.2. *Orçamento de marketing trimestral.*

▓ *Inbound* marketing e CRM

Uma ótima estratégia de marketing para profissionais de saúde é o *inbound* marketing ou marketing de conteúdo, pois o marketing de conteúdo é uma das principais estratégias de marketing digital para área da saúde, que é muito controlada pelos conselhos.

Comparando-se essa nova técnica digital com o marketing tradicional (*outbound* marketing), segue o quadro.

Outbound marketing
• Ênfase nas vendas individuais. • Comunicação com via de mão única (empresa > cliente). • Consumidores são buscados por TV, ler, mídia impressa e telemarketing. • Marketing provê pouco ou nenhum valor. • Ênfase nas características do produto. • Visão a curto prazo. • Contato discutindo com cliente. • Baixo nível de compromisso com o cliente. • A qualidade é urna preocupação apenas do setor da produção.
Inbound marketing
• Ênfase na fidelização de clientes. • Comunicação como via de mão dupla (empresa > cliente + cliente > empresa). • Consumidores vem até a empresa por mecanismos de buscas, indicações e redes sociais. • Marketing provê valor. • Ênfase no serviço prestado ao cliente. • Visão a longo prazo. • Contato contínuo com o cliente. • Elevado nível de compromisso com o cliente. • A qualidade é uma preocupação de toda a equipe da empresa.

Figura 8.3. *Quadro comparativo entre marketing tradicional* (outbound *marketing) e marketing de conteúdo (*inbound *marketing).*

É possível perceber, assim, a principal diferença entre eles, no *inbound* marketing, a empresa ou prestador de serviço produz conteúdo de alta relevância, a ponto de que quem procura a empresa é o cliente, e não o inverso, como ocorre no *outbound* marketing. Considerando isso e tendo em vista o cenário atual, é possível perceber que o *inbound* marketing é promissor, enquanto cada vez mais, o *outbound* marketing perde espaço.

A missão atual do profissional de marketing, portanto, é atrair os usuários para determinado site ou rede social de quem está interessado no consumidor.

A empresa precisa entender a fundo o seu cliente e todas as necessidade de postar conteúdos atualizados em seu site ou canal de relacionamento. Basicamente, o intuito é captar o cliente para sua rede social, site ou *blog* e a partir dessa ação, é necessário fazer um trabalho de relacionamento para educar a audiência, com os assuntos que são do mesmo segmento que seu negócio.

Isso deve perseverar até a jornada de compra, pós-venda e futuras possíveis indicações de seu serviço que irão influenciar outros novos clientes.

Funil de vendas, CRM e persona

Para tal trabalho de relacionamento com o cliente, necessita-se realizar um correto "funil de vendas" de *inbound* marketing.

O funil é um modelo estratégico, que mostra a jornada do cliente, do primeiro contato com a empresa, até a concretização da venda (e às vezes até além dela). É o caminho que acompanha todas as etapas do consumidor, a partir do momento que ele toma conhecimento do produto/serviço prestado até o fechamento da compra.

Um completo funil de vendas é feito quando o produtor de conteúdo, que facilitou a vida do consumidor, é percebido como especialista e ganha a confiança de compra e credibilidade futura, tornando as pessoas que não conheciam o seu produto/serviço, em potenciais clientes e divulgadores dele.

Tendo em vista a construção do funil, consideram-se as seguintes etapas para atrair, converter, vender e fidelizar clientes que promovem o conteúdo oferecido.

Figura 8.4. *Funil de vendas em redes sociais e sites de pesquisas utilizando a metodologia de* inbound *marketing. Fonte: Lewis, Elias (1898).*

Exposto como realizar o funil de vendas, é importante dar devida atenção à etapa de relacionamento com o cliente e é nesse momento, que o conceito de CRM (*customer relationship management*, ou seja, gestão de relacionamento com o cliente), aparece.

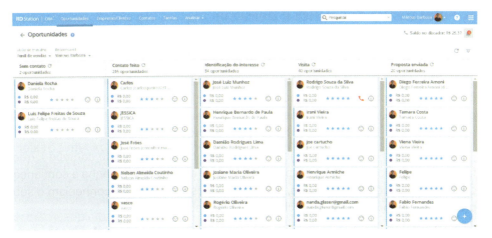

Figura 8.5. Dashboard *da RD Station com etapas de estágios de venda.* Fonte: CRM resultados digitais (2021).

Considerando que é extremamente difícil fazer um acompanhamento próximo e personalizado de cada consumidor, criou-se uma ferramenta que permite acessar de qualquer lugar e em qualquer dispositivo todas as informações que precisa sobre os futuros clientes (*prospects*) de uma empresa.

O conceito CRM envolve um profundo processo de mudança cultural, que deve mobilizar a empresa como um todo, partindo da alta direção. Em última instância, são pessoas que interagem e estabelecem relações com os clientes, e somente uma cultura corporativa sólida gera comprometimento dos colaboradores.

O CRM, atualmente, é uma das principais ferramentas para os profissionais de marketing, ele organiza os dados dos pacientes, o processo de atendimento do paciente e vendas. Os seus benefícios são:

- Visão única do cliente em um único banco de dados.
- Integração entre as áreas da organização.
- Conhecimento profundo do perfil de cada cliente e suas necessidades.
- Agilidade na obtenção de informações, transformando-as em ações estratégicas.
- Segmentação de público, perfil e histórico de relacionamento.
- Análise, monitoramento e vendas pelas redes sociais.
- Gestão e otimização de processos.
- Integração de todos os canais de relacionamento.
- Ações de retenção e fidelização, promovendo aumento de rentabilidade.
- Maximização das oportunidades de negócio.
- Possibilidade de integração com o Marketing com nutrição de *leads*, *score*, e-mail marketing e anúncios nas redes sociais.

Tudo se resume ao cadastramento de clientes, registrando informações pessoais, como nome, e-mail, endereço, telefone e informações de interação com a empresa: quando visitou o site, e-mails abertos, ligações atendidas, histórico de compras, canais preferidos de atendimento, avaliações de vendas etc. Recomendamos a ferramenta RD Station.

Fidelização

O custo de aquisição de novos pacientes para uma instituição é alto e o esforço de marketing também, após a aquisição de pacientes, o importante é mantê-los ativos pelo maior período de tempo e virar referência para os pacientes, familiares e comunidade local, para que assim possam vir as indicações, que são o melhor custo de aquisição de marketing, o famoso boca a boca. É de conhecimento que diversas clínicas de profissionais, nunca realizaram nenhuma ação de marketing e possuem a agenda lotada por indicações de clientes fidelizados e extremamente satisfeitos. Vamos mostrar passos simples para alcançar a fidelização de pacientes:

- **Primeiro passo:** identificação, conhecer o mercado a que o cliente pertence, classificá-lo e reconhecê-lo.

- **Segundo passo:** diferenciação, segmentar os clientes de modo a compará-los, distingui-los e tratá-los de maneira diferenciada.

- **Terceiro passo:** interação, comunicação estratégica com o cliente, *feedback* (falar e ouvir) em uma relação de troca de informações e conhecimento. Exemplo: as pesquisas de satisfação, SAC, marketing direto etc.

- **Quarto passo:** personalização, adaptar o serviço ao cliente é o objetivo para que seja gerada uma identidade entre os clientes, produtos e serviços.

Assim, integrar o CRM na estratégia de marketing digital permite a criação de ações correspondentes, de acordo com a jornada de compra para cada consumidor e, consequentemente, encontrar maneiras de aumentar a receita.

Gerenciando e analisando as interações que o cliente faz é possível colocar a clientela no centro, voltando-se para suas necessidades e desejos que, muitas vezes, podem passar facilmente despercebidos com outros métodos.

E após realizar o registro de dados por meio do CRM e toda uma pesquisa de mercado, plataformas e redes sociais que o consumidor utiliza, é preciso reunir todas as informações em uma representação de pessoa ideal e para isso, utiliza-se o conceito de persona.

Persona é a junção de todas as características do público-alvo em um personagem fictício que, se fosse verdadeiro, seria a expressão do melhor cliente que a empresa poderia esperar.

Vale ressaltar que podem existir diversos tipos de personas interessadas em um mesmo conteúdo, afinal, pode haver diferentes públicos interessados e eles devem receber respostas específicas personalizadas de acordo com seu perfil de público.

Essa personificação dos dados ajuda a equipe de marketing e toda a empresa a compreender melhor quem são os clientes e o que eles querem, por meio do pleno conhecimento de seus hábitos, comportamentos de consumo, desejos, necessidades, dificuldades e problemas comuns.

O entendimento das personas também possibilita a humanização da fala entre empresa-consumidor, tornando o processo de vendas mais natural, próximo do paciente, derrubando barreiras e construindo relacionamentos com base na credibilidade e confiança. Com uma clientela segura e fiel, a empresa possui oportunidade de gerar novos negócios, já que o cliente estará aberto a novas ofertas e contatos daquela equipe de vendas e, também, satisfeito para promover a divulgação do serviço a outras pessoas.

Para melhor compreensão do conceito, segue o quadro que monta o formato de uma persona para uma clínica de fisioterapia.

Estudo de persona

NANDA
38 anos
Gerente de Banco
Zona Sul • São Paulo

Atualmente, passa a maior parte do seu dia trabalhando, mas também cuida de 2 filhos e faz pós-graduação na área de Administração. Utiliza Facebook e Instagram para acessar as redes sociais pelo seu celular.

Dores, problemas e dificuldades

Nanda sente dores constantes nas costas por trabalhar o dia todo sentada e está disposta a pagar um tratamento qualificado, mas com sua rotina corrida não possui tempo suficiente para ir a uma clínica de fisioterapia com frequência.

Como é possível atender às suas necessidades?

Oferecer para Fernanda conteúdo nas redes sociais sobre dores nas costas relacionadas à postura no trabalho e os possíveis tratamentos ofertados. Disponibilizar vídeos com exercícios que aliviem os sintomas de dor nas costas de pessoas que passam o dia sentadas. Fornecer a ela horários alternativos e flexíveis para que ela possa realizar a fisioterapia.

Palavras-chave utilizadas para trabalhar conteúdo e alcançar a persona

Dor nas costas por trabalhar o dia inteiro sentada, tratamento rápido para dor nas costas, como aliviar dores nas costas, dor nas costas constante devido à postura, fisioterapia para dor nas costas. fisioterapia na zona sul de São Paulo.

Figura 8.6. *Definição de uma persona. Fonte: Elaborada pelos autores (2021).*

Assim, percebe-se que, por meio da criação das personas, fica muito mais fácil definir os temas relevantes que deverão ser trabalhados nos conteúdos para atrair especificamente um tipo de paciente que já possuem algum desejo ou necessidade relacionado ao serviço ofertado pela instituição. Focando nos assuntos de interesse, que responderão os reais questionamentos dos visitantes dos sites, redes sociais e potenciais clientes, é possível tornar o marketing significativamente mais eficaz, melhorando e divulgando a imagem da empresa/prestador de serviços.

Conceitos de *inbound* marketing na área da saúde

Já foi possível compreender que esses conceitos estratégicos expostos anteriormente podem ser utilizados para alavancar a imagem de uma organização ou de uma pessoa por meio do *inbound* marketing. Mas por que especificamente na área da saúde eles são importantes? Em resumo, os principais motivos são:

- Auxiliar na criação de conteúdos específicos para cada perfil de paciente: uma persona que está prestes a realizar um tratamento deve receber conteúdos diferentes de uma persona que já o realizou, por exemplo.

- Desenhar a estratégia mais eficaz e estabelecer prioridades. Por exemplo, se o gestor do negócio pretende atrair idosos para a sua clínica, mas costuma atender jovens, algo precisa ser mudado. Direcionar o marketing para os desejos e necessidades das personas corretas pode ajudá-lo a alcançar seus objetivos.

- Definir que tipo de linguagem, *on-line* ou *off-line*, deve ser usada em cada contato paciente-organização de saúde. Por exemplo, se os pacientes que mais interagem com o conteúdo são jovens, uma alternativa é a escolha por uma arquitetura mais moderna na clínica, a utilização de um palavreado mais próximo dessa geração e a parceria com influenciadores digitais que esse tipo de público costuma acompanhar e confiar.

- Identificar em quais veículos e que tipo de informações, o paciente consome e quem pode influenciar suas decisões (parentes, amigos, *digital influencers*). Isso é importante, pois gera a proximidade necessária para dar a confiança e segurança que o paciente procura na área da saúde.

- Identificar os aspectos emocionais que norteiam os critérios utilizados pelos pacientes: quais são os objetivos, as dificuldades e os desafios de cada paciente? O que a organização de saúde pode fazer para ajudá-lo? É essencial na etapa de análise do funil de vendas fazer as perguntas certas, da maneira correta, para ter um resultado assertivo, ou seja, as respostas certas. Com elas, é possível encontrar características comuns entre os pacientes, ou seja, quais são os problemas, as reclamações mais frequentes e as soluções mais citadas para, a partir daí, o atendimento trabalhar focado em atender especificamente essas necessidades.

Ambiente de marketing com análise SWOT

Para uma empresa saber o que satisfaz e encantar o paciente, é preciso conhecer o ambiente de atuação para poder planejar o que fazer (estratégia) e como fazer (tática).

A definição de ambiente de marketing consiste em forças externas ao marketing, porém que afetam a capacidade de administrá-lo e que permitem desenvolver e manter relacionamentos bem-sucedidos com seus pacientes. Assim, é importante analisar o universo do ambiente interno (microambiente) e do ambiente externo (macroambiente).

O microambiente consiste em fatores próximos à empresa que afetam sua capacidade de servir seus pacientes. São a própria empresa e seus departamentos, os fornecedores, os distribuidores, os pacientes, os concorrentes e o público-alvo. Tais fatores podem ser pontos fortes de um negócio ou pontos fracos, tudo depende de como o gestor atua visando corrigir as fraquezas.

Já o macroambiente consiste em fatores maiores que afetam todo o microambiente. São fatores que não é possível controlar, apenas monitorar, adaptar às necessidades da empresa e aproveitar eventuais oportunidades, precavendo-se das ameaças. É composto pela economia, política, legislação, demografia, cultura, tecnologia e natureza. Esses fatores, devido a sua dificuldade em administração, comumente são classificados como ameaças, mas podem se tornar grandes oportunidades, se bem operados.

Em um plano de marketing, é preciso uma boa análise do micro e macroambiente para fundamentar dar embasamento às estratégias de marketing e gestão com muito mais segurança e garantias de viabilidade. Para isso, uma ferramenta mundialmente utilizada é a da análise SWOT (*strenghts*/forças, *weaknesses*/fraquezas, *opportunities*/oportunidades e *threats*/ameaças). Tal análise consiste em elencar pontos que ajudam ou atrapalham o negócio (microambiente) e pontos que trazem oportunidades ou ameaçam o negócio (macroambiente).

Trazendo-se o quadro para a área da saúde, realiza-se um exemplo de um novo negócio, como a abertura de uma clínica especializada em emagrecimento, no contexto político e econômico de 2019. Pode-se ter o seguinte quadro de análise.

Figura 8.7. *Exemplificação de análise SWOT para a abertura de uma clínica especializada em emagrecimento. Fonte: Humphrey, Albert. 2005.*

A chave dessa avaliação está em transformar pontos fracos em pontos fortes e ameaças em oportunidades, fazendo um plano de ação para todos os pontos fracos e que minimize ameaças e riscos identificados.

Assim, utilizando o exemplo para a abertura da clínica, seria necessário pensar, previamente, em estratégias para cada fraqueza e ameaça elencada, como por exemplo, criação de promoções e pacotes mais vantajosos no inverno para atrair público nessa estação, de modo a manter o negócio com cliente e um fluxo de caixa positivo mesmo em tempos de recessão econômica e sazonalidade.

Business Model Canvas

Além de conhecer e saber resumir criticamente o macro e microambiente, o profissional de marketing deve entender a proposta de valor um negócio e a viabilidade que ele possui para poder garantir que todos os processos de uma organização girem em torno do paciente e o valor que o produto/serviço ofertado tem para ele.

Para isso, tanto considerando a criação de algo novo ou o melhoramento de uma organização existente, é preciso formar uma ideia clara dos processos-chave de uma empresa, compreender como ela atenderá às necessidades e desejos dos clientes, como obterá lucro e se manterá no mercado de modo sustentável ao longo do tempo. A falta de nitidez na conceituação e visualização do empreendimento pode acarretar pouca consciência das metas e objetivos do empreendedor, má gestão do dinheiro investido e recebido, dificuldade para atuar competitivamente no mercado, reduzida fidelidade dos pacientes, dentre outros empecilhos, que podem prejudicar todo um negócio devido à falta de um planejamento e de uma visão abrangente e detalhada do que está sendo proposto.

Para ter essa visão clara da organização de saúde, é preciso materializar as ideias do campo mental em um papel/tela/*slide* de maneira organizada e clara, processo pelo qual há um filtro e amadurecimento de conceitos muitas vezes pouco conectados e intangíveis. Um bom mecanismo para isso é o **Business Model Canvas**, uma metodologia desenvolvida pelo consultor suíço, Alexander Osterwalder, em meados dos anos 2000. Atualmente, é uma das ferramentas de modelo de negócios mais famosa e aplicada pelas grandes empresas no mundo todo.

A estratégia de planejamento *canvas* consiste em um esquema visual, que permite às pessoas visualizarem detalhadamente a descrição do negócio, das partes que o compõem, assim, a ideia sobre o negócio é exposta de maneira clara pelo gestor e compreendida nitidamente por quem lê. Um modelo *canvas* permite que todo o negócio seja visualizado em uma única página, não sendo necessário percorrer um documento com um plano de negócio cheio de números e textos pouco claros e cansativos.

Considerando isso, os benefícios desse modelo utilizado para estratégias de marketing são:

- Entender a complexidade e a essência de uma organização de maneira simples, relevante e compreensível.
- Extrair rapidamente o que e como um produto/serviço é oferecido para o paciente, facilitando a criação de soluções de marketing para potencializar o negócio.
- Identificar e eliminar rapidamente o que não é tão importante atuar em um primeiro momento.
- Agilizar e facilitar o processo estratégico.
- Ferramenta flexível e que permite coautoria.
- A sua visualização estratégica aumenta a competitividade e diferenciação no mercado.
- Trazer organização e objetividade para o negócio.

- Estimular a criatividade e simplificar a comunicação entre diversos departamentos das empresas, envolvendo cada vez mais pessoas nos planos e metas visados pelo profissional de marketing.

Expostas as vantagens do modelo *canvas*, é hora de entender como criar um. Para isso, resume-se o negócio e seus processos em nove blocos principais, que são:

- Parceiros principais.
- Atividades chaves.
- Recursos principais.
- Estrutura de custos.
- Proposta de valor.
- Relacionamento com cliente.
- Canais de distribuição.
- Segmentos de clientes.
- Fluxo de receita.

Figura 8.8. *Modelo de negócio* canvas.

Retomando o exemplo anterior, referente à abertura de uma clínica voltada para emagrecimento e já tendo a análise SWOT realizada, faz-se agora um modelo *canvas* para visualizar o plano de negócios da empresa.

Figura 8.9. *Modelo* canvas *aplicado.*

Após a análise do macro e microambiente de marketing, realização da análise SWOT e criação do modelo *canvas* para compreender um negócio, é possível planejar uma adequada seleção de mercado, parceiros, atividades, processos-chave e o correto posicionamento de uma marca ou serviço para um público-alvo bem definido, possibilitando que a organização de saúde atinja suas metas quantitativas e objetivos qualitativos e responda ao seu propósito de negócio.

Indicadores financeiros de sucesso

O que adianta realizar um grande investimento em marketing digital em sua clínica, hospital ou laboratório e não saber se está tendo retorno financeiro, uma grande oportunidade do marketing dessa nova geração é que tudo no ambiente digital é rastreado e pode ser metrificado.

É de extrema importância antes de iniciar a campanha de marketing digital saber o objetivo e meta financeira a ser alcançada como trinta novos pacientes no mês, R$ 10.000,00 a mais de receita em determinado serviço e acompanhar todo o fluxo desse *lead* ou paciente em seus departamentos de agendamento, comercial e financeiro e estar em total alinhamento e monitoramento com a equipe de marketing.

Quando o objetivo for aumento de faturamento, esse são os principais indicadores a serem observados.

Custo de aquisição do cliente (CAC)

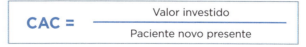

Figura 8.10. *Custo de aquisição do cliente.*

Esse é o valor que o esforço de investimento de marketing trouxe de retorno ao cliente. Exemplo:

Investimento de R$ 1.000,00 em campanha do Google.

Resultado de quatro pacientes atendidos na clínica.

Custo por aquisição de cliente (CAC): R$ 250,00.

ROI de marketing digital

Em inglês ***return on investment***, é o retorno sobre o investimento em marketing em diferentes canais digitais. Precisa ser identificado para aplicar a maior parte do investimento nos canais que tem mais retorno de captação de novos pacientes.

Existe uma fórmula simples para entender como calcular o ROI, que consiste em:

Fórmula de retorno sobre o investimento de campanha de marketing digital

$$ROI = \frac{Receita - Custo}{Custo}$$

Figura 8.11. *Fórmula de retorno sobre o investimento de campanha de marketing digital.*

Exemplo: imagine que o ganho da sua empresa tenha sido de 100 mil reais e o investimento inicial em marketing tenha sido de 10 mil. Utilizando a fórmula de ROI acima, temos:

ROI = (100.000 – 10.000) / 10.000

ROI = 9

Você pode também multiplicar o resultado por 100 para obtê-lo em porcentagem – no caso, 900% de retorno.

Isso quer dizer que a cada R$ 1,00 investido em marketing você faturou R$ 9,00 em receita. Porém, só esse número não vale, é preciso calcular a margem de lucro líquido do produto ou serviço para entender a rentabilidade da campanha de marketing. O ideal é sempre encontrar o valor de retorno e fechar as contas e sua estratégia de marketing está no caminho certo. Baseia-se sempre nos números que entram no fluxo de caixa, quando o foco é performance e resultados financeiro, o indicar é investimento em mídia digital contra retorno no caixa.

Ticket médio

TM = (*Ticket* médio)	Faturamento do período ――――――――――――――― Quantidade de vendas no período

Figura 8.12. Ticket *médio*.

Vamos falar um pouco agora sobre retorno financeiro. O *ticket* médio é um dos indicadores de desempenho mais usados ao falarmos de vendas, ele reflete o valor médio das vendas de uma empresa divididos pelo número de clientes por um período.

É a partir dele que você consegue perceber se você tem fechado mais negócios do que perdido, se o valor que você recebe em retorno pelo investimento vale a pena ou não.

E como você pode calcular esse *ticket*? Ele é bem simples de ser calculado. Durante um período (semana, mês ou ano) há um certo número de vendas, você então pega o faturamento total dessas vendas e o número. Veja o exemplo abaixo:

TM (*ticket* médio) = faturamento total de pacientes no mês / quantidade de vendas no período

Imagine que você vendeu oito procedimentos estéticos na sua clínica no mês. E o faturamento total foi de R$ 10.000, por exemplo. Aplicando na fórmula, ficaria:

TM (*ticket* médio) = R$ 10.000 / 8 = R$ 1.250,00.

Esse resultado significa que, ao fim desse mês, você conseguiu uma média de R$ 1.250,00. Se os valores forem muito diferentes, por exemplo, entre números quebrados, você saberá o nível de sucesso do seu ticket médio a partir da venda mais alta que você fizer. Por exemplo, se de oito vendas por mês, o valor mais alto de uma dessas vendas for de R$ 1.000,00, podemos dizer que você teve um bom desempenho, porque o seu *ticket* médio foi relativamente aproximado à venda mais alta.

Lifetime value (LTV)

O LTV, ou *lifetime value*, é o retorno financeiro dos clientes da sua clínica ao longo do tempo. Assim como o *ticket* médio, o LTV é um ótimo indicador para saber como estão os números de venda da sua empresa. É relativamente complicado conseguir o valor exato desse cálculo, mas é importante entender que ele ajuda a melhorar o desempenho das vendas de fidelidade dos seus clientes. Entenda como funciona a fórmula:

LTV = ***ticket*** médio das vendas do paciente por um período de tempo × **frequência de compras** de um cliente durante o mesmo período.

$$LTV = \frac{\textit{Ticket} \text{ médio das vendas do paciente por um período de tempo}}{\text{Frequência de compras de um cliente durante o mesmo período}}$$

Figura 8.13. *LTV.*

Você pode fazer o *ticket* com base no exemplo acima, por exemplo. Imagine que um cliente comprou três processos estéticos durante esse mês. Aplicando a fórmula ficaria:

LTV = R$ 1.250 × 3 = R$ 3.750.

Esse valor significa que esse cliente tem uma boa rentabilidade para você, e em um certo período, ele rendeu um bom faturamento na empresa, com sua fidelização em um ciclo contínuo de recompra. Exemplo, um paciente fidelizado que retorna dez vezes em uma clínica ao longo do ano, isso reduz o número de pacientes novos que uma clínica precisa adquirir.

NPS (*Net Promoter Score*)

Você com certeza já passou por alguma empresa que pediu uma avaliação de qualidade, não é? "de 0 a 10, o quanto você recomenda a nossa empresa?", "de 0 a 10, como foi o nosso atendimento?", "marque insatisfeito, satisfeito ou muito satisfeito de acordo com o que você achou do nosso atendimento, produto ou serviço". Todas essas são variações do *net promoter score*, o NPS, que mede a fidelidade de seus clientes e a satisfação com o seu produto ou serviço.

O conceito de NPS foi criado, em 2003, por Frederick F. Reichheld, para a Harvard Business Review. A partir da avaliação do cliente, a empresa pode guiar o andamento de suas ações, medir o nível de excelência e qualidade do atendimento dos colaboradores, realizar *benchmarking*, medir e avaliar a percepção da proposta de valor do paciente, efetuar melhorias e tornar-se mais competitiva.

Paciente como cliente

O paciente é seu cliente, ele é quem irá consumir o serviço/produto que você está ofertando. Tenha em mente que essa situação é similar a qualquer outro tipo de negócio. Então, você deve investir na experiência do cliente para que ele se torne um promotor do seu negócio e, para isso, você deve fazer com que o paciente se sinta acolhido em todas as fases do processo. Acolhimento é um dos grandes segredos do sucesso na área da saúde.

Apesar de que a propaganda boca a boca e o número de pacientes que chegam por essa via esteja diminuindo, no ambiente digital os comentários em suas postagens, as reclamações no Reclame Aqui, avaliações do Google, avaliações no departamento de pós-consulta e outros locais podem ser uma grande pedra em seu sapato. Por isso, garantir a satisfação do cliente é sempre importante e oferecer uma experiência única poderá ser o que te colocará na liderança do mercado. E usando essa ferramenta do NPS, você irá conseguir realizar um trabalho preventivo e entender qual a qualidade do seu serviço prestado para os seus pacientes.

Como aplicar o NPS ao seu negócio de saúde

Você pode usar seu site, o aplicativo da clínica ou, até mesmo, uma pesquisa de satisfação após o cliente usar seu serviço ou ser atendido.

Lembre-se de usar perguntas diretas, como as que apresentamos no início desse tópico. Além disso, mantenha um espaço aberto para que o cliente possa dissertar sobre as motivações da resposta dele.

Há um medidor importante no NPS que te ajuda a guiar o tipo de cliente que avaliou sua empresa. É a diferença entre clientes satisfeitos e insatisfeitos. Essa subtração dará a você a nota do NPS da sua empresa. Observe o quadro a seguir.

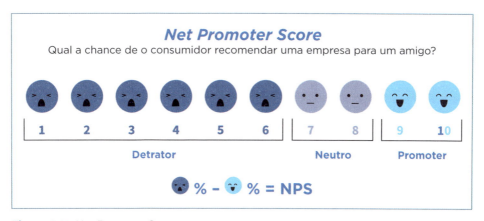

Figura 8.14. Net Promoter Score.

As notas médias variam conforme os períodos estudados e medidas adotadas pelos gestores.

- **Ruim:** NPS entre -100 e -1.
- **Razoável:** NPS entre 0 e 49.
- **Bom:** NPS entre 50 e 74.
- **Excelente:** NPS entre 75 e 100.

É possível realizar um *benchmarking* com concorrentes ou outras instituições de uma mesma rede ou grupo para compartilhar boas práticas, é um indicador precioso para medir o desempenho da equipe.

A empresa pode usar o mesmo modelo para pesquisa de satisfação dos colaboradores. E por que ela é importante? Os colaboradores vivem a rotina empresarial, eles tendem a achar problemas e vícios corporativos, muito mais facilmente do que os clientes (especialmente os que não são constantes).

Essa pesquisa pode ser feita a cada três meses, e o colaborador deve avaliar a instituição, o gestor, seus colegas de trabalho e o ambiente de trabalho também.

Você pode usar ou o NPS ou um modelo feito pela própria gestão com as informações mais precisas sobre cada parte da empresa. E uma vez que os problemas foram detectados e resolvidos, vem a mudança em si.

As principais perguntas na área da saúde são;

Como ficou sabendo da nossa clínica?

( ) Indicação

( ) Instagram

( ) Facebook

( ) Google

( ) Passando em frente a clínica

Avalie com uma nota de 0 a 10 sua experiência em nossa instituição:

1 - Agendamento: _____

2 - Atendimento na recepção: _____

3 - Atendimento da triagem: _____

4 - Exames: _____

5 - Higiene e limpeza do ambiente: _____

6 - Enfermeiros: _____

7 - Médicos: _____

8 - Tempo de espera: _____

9 - Como você avalia sua experiência como todo? _____

E as principais perguntas do NPS:

10 - Você indicaria a clínica para amigos e familiares? Sim ou Não?

11 - Descreva o que mais gostou do nosso serviço? (Pergunta aberta).

12 - O que podemos melhorar? (Pergunta aberta).

Obs.: indicamos a plataforma solvis para realizar a gestão desses dados.

Figura 8.15. *Soluções em pesquisa. Fonte: https://solvis.com.br*

Conceito e metodologia

Após efetuar todos os passos anteriores, entramos na parte de vendas, que é um dos fatores principais para conquistar o seu público. É responsabilidade do marketing atrair os pacientes e responsabilidade da equipe comercial realizar as vendas diretamente com eles.

É necessário ter um responsável para essa parte, pois é por meio das vendas que conseguiremos o sucesso. O especialista precisa entrar em contato com cada cadastro ou *lead* gerado pelas ações de marketing, ou atender as ligações, e-mails ou mensagens das redes sociais e de responsabilidade direta desse especialista manter um contato próximo com os seus possíveis pacientes.

É fundamental e essencial que você possua um *speech* de vendas, ou seja, um *script* convencedor e enviar para o paciente em forma de mensagens por meio do WhatsApp, redes sociais ou até mesmo, para utilizar em ligação com os contatos.

O *speech* ou discurso de vendas faz toda a diferença, pois é ele que dará a cartada final, é por meio dele que o seu cliente vai se convencer a utilizar o seu produto ou efetuar uma consulta, procedimento, dentre outros.

Figura 8.16. *Tipo de clientes.*

Passos de conversões

Passo 1: estude o seu serviço, pois sem conhecer profundamente os benefícios que você oferece, será impossível construir um discurso convincente.

Passo 2: estude o mercado, personas de pacientes e estude como você consegue diferenciar-se no meio.

Passo 3: defina o seu cliente por meio de faturamento, ramo de atuação e características.

Passo 4: planeje metas de como obter resultados, ou seja, trace uma meta para o seu vendedor ou equipes de vendas e ao atingir essa meta, de uma bonificação ou um incentivo, assim ficará mais prazeroso de prospectar clientes, você pode utilizar uma meta de remuneração por cada nova aquisição de cliente.

Criação de *rapport* no discurso de captura

Rapport é uma expressão muito usada no idioma francês. Essa expressão é usada para designar um relatório, porém, em outro significado, ela indica uma ligação entre duas coisas. É nesse sentido que ela é usada em vendas.

Rapport é o ato de criar uma conexão com outra pessoa, ou seja, o objetivo é que ela ouça o que você tem a dizer sem manifestar falta de confiança em você.

Pense assim, as pessoas compram coisas de vendedores que elas gostam.

Se você aplicar, aos poucos, o *speech* correto nas conversas com seus clientes, você irá desenvolver um relacionamento que lhe permitirá definir o ritmo e a direção da conversa, enquanto ainda permite manter o controle sobre a conversa. A seguir temos um exemplo de *rapport*:

- **Vendedor:** olá, como vai? Como posso ajudá-lo?
- **Paciente:** olá, eu preciso efetuar uma consulta com um gastro.
- **Vendedor:** certo, então você está com problemas no seu estômago, o seu objetivo é tratamento para melhora de sintomas no estômago?
- **Paciente:** não sei, é apenas um *check-up* de rotina, pois sinto uma leve dor ao comer alguns alimentos.
- **Vendedor:** ah! Então você vai precisar de um gastroenterologista e realizar exames para o seu caso. Vou lhe agendar com os melhores médicos especialistas que possuímos em nossa clínica.
- **Paciente:** ok!
- **Vendedor:** vou agendá-lo com o Dr. João, ele é cirurgião e tem 20 anos de experiência na área como especialista. Nossa agenda está com uma fila de espera grande, mas consegui um encaixe para essa semana, qual o melhor dia e horário para agendar sua primeira consulta?
- **Paciente:** por gentileza, as nove horas da manhã, na terça-feira.
- **Vendedor:** agendado com o Dr. João, como é sua primeira consulta vamos lhe mandar o manual do paciente com todos os preparos, temos *valet* em frente a nossa clínica e será um prazer recebê-lo em nossa unidade. Posso contar com o seu compromisso na terça?
- **Paciente:** sim, terça-feira está agendado e não vou faltar! Até logo.

O vendedor obteve informações importantes durante a conversa e utilizou o objetivo e as informações que os pacientes passam para no ato da conversa, é uma das melhores consequências dos usos de boas técnicas de *rapport* em vendas.

Experiência do paciente

Como observamos ao longo dos capítulos, proporcionar uma boa jornada para o paciente é um fator crítico de sucesso. Os pacientes serão sempre os maiores promotores do seu negócio, eles ganham voz nas redes sociais e podem, tanto alavancar, quanto prejudicar o seu negócio.

Os pacientes que compram determinado serviço de saúde, seja pela indicação ou esforço de marketing, querem receber uma experiência positiva com a empresa, sendo esse tema de extrema relevância e ponto de atenção, após a venda fechada tem que corresponder a atenção na jornada, até a fidelização do paciente e sempre melhorando o padrão de excelência. Os esclarecimentos pré-consulta, a clareza nas orientações, o acolhimento humanizado, simpático e o acompanhamento do pós-consulta tornam-se armas infalíveis no processo de multiplicação da carteira de pacientes.

Bibliografia sugerida

- Aaker D. Marcas Líderes. Rio de Janeiro: Editora Bookman; 2007.
- Anderson CH, Vincze JW. Strategic marketing management. New York: Houghton Mifflin; 2000.
- André AM. Gestão Estratégica de Clínicas e Hospitais. 2ª Ed. São Paulo. Atheneu; 2014.
- Borba VR. Estratégias e Plano de Marketing para Organizações de Saúde. Rio de Janeiro: Cultura Médica; 2009.
- Bueno WC. Comunicação Empresarial: Políticas e Estratégias. São Paulo. Editora Saraiva; 2009.
- Camalionte E, Moraes A. Marketing Aplicado "Cases e Exemplos para Profissionais de Marketing". São Paulo. Saint Paul Editora; 2008.
- Christopher M. A Logística do Marketing. 2ª ed. São Paulo. Futura; 1999.
- Covey S. Os 7 Hábitos das Pessoas Altamente Eficazes. 23ª ed. Rio de Janeiro. Best Seller; 2005.
- Drucker P. Administração na Próxima Sociedade. São Paulo. Nobel/Exame; 2002.
- Drucker PF. Administrando Para o Futuro: Os Anos 90 e a Virada do Século. São Paulo. Pioneira; 1992.
- Fouquete E. Vírus Eleva a Demanda por Médicos Virtuais e Expande Telemedicina. Link: https://economia.uol.com.br/noticias/bloomberg/2020/03/12/virus-eleva-demanda-por-medicos-virtuais-e-expande-telemedicina.htm. Acesso em 19 de abril de 2021.
- Gracioso F. Marketing Estratégico: Planejamento Estratégico Orientado para o Mercado. São Paulo. Atlas; 2007.
- Kotler P, Kartajaya H, Setiawan I, Trad. Carla Pedro. Marketing 5.0: Tecnologia Para a Humanidade. Lisboa: Actual; 2021 – (Fora de coleção) – Tít. orig.: Marketing 5.0 - Technology for Humanity. ISBN 978-989-694-623-4.
- Kotler P, Kartajaya H, Setiawan I. Marketing 3.0: As Forças que Estão Definindo o Novo Marketing Centrado no Ser Humano. Rio de Janeiro: Elsevier; 2010.
- Kotler P, Kartajaya H, Setiawan I. Marketing 4.0: Mudança do Tradicional para o Digital. Coimbra, Portugal: Conjuntura Actual Editora. Trad. Pedro Elói Duarte. 2017. ISBN 9789896942083.
- Kotler P, Keller K. Administração de Marketing. 12ª ed. São Paulo. Prentice Hall; 2005.
- Kotler P. Marketing para o Século XXI "Como Criar, Conquistar e Dominar Mercados". São Paulo. Editora Futura; 1999.
- Kunsch M. Gestão Estratégica em Comunicação Organizacional e Relações Públicas. São Paulo. Editora Difusão; 2009.
- Pinheiro Duda, Gullo J. Comunicação Integrada de Marketing. São Paulo. Editora Atlas; 2009.
- Porter M. Estratégias Competitivas. Rio de Janeiro. Editora Campus; 2004.
- Porter M. Repensando a Saúde. São Paulo. Editora Bookman; 2007.
- Porter ME. Vantagem Competitiva: Criando e Sustentando um Desempenho Superior. 11ª ed. Rio de Janeiro. Campus; 1989.

Glossário de termos técnicos

Ads – palavra do inglês que significa anúncio.

Advertising ID – cada aparelho android tem um código único e é usado como o principal identificador para que as redes de publicidade sirvam anúncios.

Analytics – dados, análises e raciocínio sistemático para seguir em um processo de tomada de decisão muito mais eficiente.

Anúncios Discovery – são definidos como anúncios visualmente atraentes do Google, com imagens de alta qualidade. Funcionam como vitrines, enquanto aparecem no aplicativo Discovery, no YouTube e no Gmail.

App – aplicativos para celular.

Artificial Intelligence (AI) – inteligência artificial.

Back-End – estrutura que possibilita a operação do sistema, para que os ambientes eletrônicos operem em sincronia.

Banners – imagens feitas em tamanhos predefinidos que podem ser exibidas em sites.

Benchmarking – processo de avaliação da empresa em comparação à concorrência.

Big data – conjunto de dados gerados pelo rastreio de informações do usuário no ambiente digital.

Blockchain – livro-razão digital, compartilhado e imutável que facilita o processo de registro de transações e o rastreamento de ativos em uma rede empresarial.

Blog – páginas *on-line*, atualizadas com frequência, que podem ser diários pessoais, periódicos ou empresariais.

Bots – *software* que executa tarefas automatizadas, repetitivas e predefinidas.

Brainstorming – técnica de discussão em grupo, que se vale da contribuição espontânea de ideias, por parte de todos os participantes, no intuito de resolver algum problema.

Brand safe – segurança de marca digital.

Branded content – conteúdo patrocinado.

Branding – estratégia de gestão da marca que visa torná-la mais reconhecida pelo seu público e presente no mercado.

Briefing – documento com informações que servirá como um guia para a execução de um projeto.

Bumper Ads – estratégia do marketing digital e consiste em anúncios em vídeos curtos de 6 segundos.

Business intelligence (BI) – combina análise empresarial, visualização de dados, ferramentas/infraestrutura de dados e práticas recomendadas para ajudar as organizações a tomar decisões impulsionadas por dados.

Business manager – gerente de negócios.

Business Model Canvas – ferramenta de planejamento estratégico, que permite desenvolver e esboçar modelos de negócio novos ou existentes.

Buyer persona – representação fictícia do seu comprador ideal, a área de marketing traça o perfil e cria um personagem que represente o comprador ideal do produto ou serviço.

Call-To-Action – botão de chamada para ação de direcionar o cliente para uma compra ou venda, muito comum como botão de WhatsApp, *chat online*, *link* para compra *de e-commerce*, fazer o cadastro de um formulário, presente em sites, e-mails e anúncios, indicando ao usuário o que deve ser feito.

Campaign tab – guia da campanha.

Canvas – ferramenta de planejamento, que contém as principais informações sobre um projeto.

Chatbot – programa de computador desenvolvido para simular uma conversa humana.

Check-up – avaliação médica de rotina, associada a exames específicos de acordo com idade, sexo e históricos pessoal e familiar.

Churn – métrica que indica o quanto sua empresa perdeu de receita ou clientes.

City Tour – tipo de passeio, oferecido por diversas empresas de turismo, onde é possível conhecer melhor a cidade e visitar. Do mesmo modo, city tour pode ser qualquer passeio para conhecer melhor algum local, por exemplo, city tour em uma maternidade, passeio para melhor conhecer a maternidade, muito usado para que futuras mães decidam qual a maternidade para ter seu bebê.

Clickbait – trata-se de uma forma de publicidade na internet, que tem como objetivo central, gerar cliques e alavancar a receita da divulgação *on-line.*

Cloud – nuvem virtual, onde se guarda dados.

Conversational card – no Twitter, é um recurso padrão, que pode ser adicionado aos anúncios de imagem ou vídeo e pedem para as pessoas espalharem sua mensagem para os seguidores deles, expandindo ainda mais alcance e engajamento.

Conversion – meta definida para a publicidade nas redes sociais. Nesse caso o anunciante pago por conversão, ou seja, pelos clientes que realizam a ação desejada pelo anunciante, pode ser compra, assinatura ou baixar um aplicativo.

Cookies – pedaços de código que dão a um site uma espécie de memória de curto prazo.

Create an Account – botão disponível no TikTok para se criar uma conta na rede social.

Cross-selling – venda de produtos ou serviços relacionados e complementares, com base no interesse do cliente ou na compra de um produto.

Customer relationship management (CRM) – conjunto de práticas, estratégias de negócio e tecnologias focadas no relacionamento com o cliente.

Dashboard – painel visual que contém informações, métricas e indicadores da empresa.

Data Science – estudo disciplinado dos dados e informações inerentes ao negócio e todas as visões que podem cercar um determinado assunto.

Dayparting – técnica usada para exibir anúncios em diferentes momentos do dia.

Decoração Clean – ambiente com estilo sofisticado e elegante, prezando pelo minimalismo em cores e objetos.

Deslike – botão disponível em algumas redes sociais para usuário informar que não gostou de determinado conteúdo, as vezes acompanhado da figura de uma mão com o polegar virado para baixo.

Devices Mobile – um dispositivo de internet móvel com suporte a multimídia, fornecendo acesso sem fios a internet, dispositivo utilizado para acompanhamento de pacientes a distância.

Digital influencers – Influenciadores digitais.

Discovery – descoberta.

Display – peça de propaganda com o objetivo de atrair os consumidores para determinado produto, serviço ou marca.

Downloads – transferência de arquivo.

E-book – livro em formato digital.

E-commerce – comércio eletrônico.

Feed – fluxo de conteúdo na Internet que permite rolagem.

Feedback – informação que o emissor obtém da reação do receptor à sua mensagem.

Fee-for-service – modelo de remuneração aplicado no sistema de saúde, no qual a operadora paga por tudo o que é consumido no hospital.

Front-end – interface gráfica do projeto, é onde se desenvolve a aplicação com a qual o usuário irá interagir diretamente, seja em *softwares*, sites, aplicativo etc.

Full sack – profissional capaz de trabalhar com toda a pilha de desenvolvimento de um projeto.

Google Discover – é a *timeline* de conteúdos, visível na *home* do Google, em dispositivos móveis.

Growth hacking – modo de trabalhar o crescimento do seu negócio, com base em práticas melhores, que são construídas a partir de hipóteses e experimentos.

Hackeada – burlar a segurança de um sistema computacional, buscando acessar ilegalmente, sem a permissão do dono, um computador ou sistema computacional e informático.

Hashtag – associado a assuntos ou discussões que se deseja indexar em redes sociais, inserindo o símbolo da cerquilha (#) antes da palavra, frase ou expressão.

Hiperlink – serve para conectar link ao texto com informações complementares e direcionar para um site.

Home page – página inicial de um site.

Home office – trabalhar em casa.

Inbound marketing – busca despertar o interesse do cliente com conteúdo relevante para que ele chegue ao seu produto.

Insight – momento em que uma pessoa compreende algo de maneira súbita.

In-stream – permite que você veicule anúncios de vídeo para as pessoas que assistem aos vídeos.

Interface experience – área do design responsável em criar uma interação agradável do usuário com interfaces, produtos e sistemas.

Internet protocol (IP) – em resumo, endereço formado por um conjunto de números que identifica um dispositivo na rede.

Keyperformance indicators (KPI) – indicador-chave de desempenho.

Landing page – página que conta com todos os elementos voltados à conversão, do visitante ao *lead* ou da oportunidade ao cliente.

Layout clean – modelo desenhado de site limpo e de fácil manuseio.

Leads – contatos que você gera através das suas ações de marketing. Geralmente, qualquer contato que você capture dados.

Lifetime value – é o retorno financeiro dos clientes de determinada clínica ao longo do tempo. Assim como o ticket médio, é um ótimo indicador para saber como estão os números de venda da sua empresa.

Like – botão disponível em algumas redes sociais para usuário informar que gostou de determinado conteúdo, as vezes acompanhado da figura de uma mão com o polegar virado para cima.

Links – uma palavra, texto ou imagem que quando é clicada pelo usuário, o encaminha para outra página na internet.

Live streaming – transmissão ao vivo de dados pela internet, em áudio ou em vídeo.

Market share – fatia de mercado.

Marketplace – é um "lugar de encontro" virtual, onde compradores e vendedores se reúnem para comprar e vender produtos.

Masthead – é uma imagem gráfica frequentemente encontrada no topo de uma página eletrônica. Sites de vendas *on-line*.

Mindset digital – como aprendemos a lidar com a transformação digital e como temos atuado frente a essa quantidade de informação e mudanças.

Mobile – dispositivo móvel, no caso, o *smartphone* é um computador móvel.

Mobile first – projeto que faz a criação de projetos *web* e sites primeiro em dispositivos móveis, para depois fazer adaptações para o *desktop* e outras plataformas.

Mobile health – prática médica ou de saúde pública, que por meio de tecnologias sem fio, atua com trabalhos de prevenção, monitoramento e diagnóstico de doenças.

Net Promoter Score (NPS) – ferramenta prática que funciona como um indicador para verificar a quantidade de clientes satisfeitos e insatisfeitos.

Off-line – sem conexão, chamamos de mídia *off-line* as mídias que não têm conexão, por exemplo, jornais, revistas e outdoors.

On-line – com conexão, chamamos de mídia *on-line* as mídias digitais e que precisam da internet para alcançar o público.

Original equipment manufacturers – fabrica sistemas ou componentes usados no produto final de outra empresa.

Outbound marketing – conjunto de estratégias em que a empresa vai ativamente até seus potenciais clientes.

Out-stream – anúncios que são reproduzidos inicialmente com o som desativado. O usuário tem a opção de ativar.

Playlist – Também com o mesmo nome "lista de reprodução" é um site dedicado à reprodução de músicas e vídeos *on-line* através de *streaming*.

Podcast – programa de rádio gravado e que o ouvinte pode escutar quando quiser.

Post – é o conteúdo criado e publicado em alguma plataforma da internet. Essa publicação pode ter o formato de imagem, vídeo, texto, áudio ou todos eles juntos.

Prospects – clientes a serem prospectados.

Publishers – veículos de comunicação que gera conteúdo.

Pull – puxar o cliente através de comunicação.

Push – empurrar a comunicação em direção ao cliente.

Rapport – técnica de criar uma ligação de empatia com outra pessoa, para que se comunique com menos resistência.

Real time – tempo real.

Reels – recurso do Instagram para gravar vídeos curtos.

Release – documento enviado à imprensa. Ele comunica sobre algo, como um lançamento, um evento, uma promoção, uma notícia ou qualquer outra novidade.

Retweet – republicação de um *tweet* (na rede social Twitter).

Score – pontuação que indica, com base em dezenas de critérios, se um consumidor é bom ou mau pagador e se ele deve ou não ter acesso ao crédito.

Script – conjunto de instruções em código.

Selfie – autorretrato.

Shopper – aquele que faz a compra para outra pessoa consumir o produto.

Skimming – Leitura rápida. Leitura objetiva. Objetivo, informações principais do texto no menor tempo.

Slide – dispositivo que projeta quadros inanimados em cinemas, televisões, salas de conferências.

Smart – tecnologias avançadas, acesso à internet.

Snippets – blocos de códigos utilizados no Visual Studio para agilizar o desenvolvimento de código.

Software – serviço computacional utilizado para realizar ações nos sistemas de computadores.

Spam – envio e publicação de anúncios em massa.

Speech – fala, comunicação oral, discurso.

Spotlight – holofote, no centro da atenção.

Stories – ferramenta do Instagram que permite a publicação de fotos ou de vídeos de até 15 segundos.

Storyboard – roteiro que contém desenhos em sequência cronológica, mostrando as cenas e ações mais importantes na decupagem de um filme.

Streaming – transmissão de dados de áudio ou vídeo, em tempo real, de um servidor para um aparelho.

Strenghts – pontos fortes.

Tags – na internet são usadas para categorizar conteúdos.

Takeover – de maneira geral, qualquer ação de tomada de controle.

Target – público-alvo para ações de marketing.

Test drive – ato de poder experimentar, sem obrigatoriamente ter que comprar.

Thread – a expressão nasceu no Twitter, rede social que limita cada postagem a 280 caracteres. Para ajudar a contar uma história, que por lá é feita com várias publicações, os usuários costumam postar diversos *tweets* conectados pelo mesmo tema e em sequência. Esse *storytelling* é conhecido como *thread*.

Threats – ameaça, pode ser um vírus.

Thumbnail – imagem em miniatura utilizada em vídeos e sites.

Tickets – bilhete, cupom, cartão que dá acesso a serviços.

Tiktoker – pessoa que mantém a conta ativa com produção de vídeos na rede social TikTok.

Timeline – linha do tempo, é bastante conhecida entre os usuários das redes sociais na internet, como o Facebook, Twitter e Instagram.

Timing – organização temporal do movimento para dar a resposta no momento certo; nem antes, nem depois.

Trade – em sentido comercial, ele envolve a transferência de bens ou serviços de uma pessoa a outra, normalmente em troca de dinheiro.

Traffic – o tráfego da internet é o fluxo de dados em toda a internet ou em determinados links de rede de suas redes.

Trend – termo usado para designar as "modinhas" do momento, como *challenges* e músicas.

Trending topics – são os assuntos mais falados do momento, no Twitter, são as hashtags (#) mais postadas no momento, divididos por cidade, estado, país e do mundo.

Tweet – publicações feitas na rede social do Twitter.

Tweetar – ato de fazer uma publicação no Twitter.

Twitteiros – usuários do microblog Twitter.

Upload – ação de enviar dados de um computador local para um computador ou servidor remoto.

Upsell – estratégia de vendas que incentiva os clientes a adquirir uma versão mais sofisticada ou avançada do produto que originalmente pretendiam comprar.

User experience – experiência do usuário.

Views ou pageviews – número de acessos ou número de vezes que uma página da internet é visualizada em determinado site.

Weaknesses – fraquezas ou ponto fraco.

Wearables – tecnologia vestível.

Websites – website e site possuem o mesmo significado e são utilizadas para fazer referência a uma página na Internet.

Índice remissivo

A

Ação, 36

Ads, 179

Advertising ID, 179

Agenda *on-line*, 77

Agendamento, 78

Ambiente de marketing com análise SWOT, 163

Análise(s)

   estatísticas de anúncio, 115

   SWOT, 155, 163

Analista

   de atendimento, 13

   de CRM, 12

   de marcas, 14

   de marketing, 14

   de *trade* marketing, 14

Analytics, 179

Anúncios, 50

   bumper, 111

   de *masthead*, 111

   discovery, 110, 179

   feed, 122

   in-stream não puláveis, 110

   in-stream puláveis, 109

   no Google e Youtube, 93

   no Instagram, 121

   no TikTok, 137

   no Youtube, 109

   out-stream, 111

   patrocinados, 90

   stories e *reels*, 123

Apologia, 36

App, 179

Arguição, 36

Arquiteto de software, 12

Artificial Intelligence (AI), 179

Artigos e blog, 78

Assimilação, 36

Assistente de marketing digital, 13

Atividade recente, 121

Atração, 36

Auditoria

   externa, 154

   interna, 155

Autenticidade, 121

B

Back-End, 179

Banners, 179

Benchmarking, 155, 179

Bens

de compra comparada, 18

de conveniência, 18

de especialidade, 18

não procurados, 18

Big Data, 38, 179

Blockchain, 37, 179

Blog, 179

Botão

de ação, 76

de *call-to-action*, 76

Bots, 179

Brainstorming, 179

Brand page, 140

Brand safe, 179

Branded content, 179

Branding, 57, 180

Briefing, 180

Bumper ads, 180

Business Intelligence (BI), 13, 180

Business manager, 180

Business Model Canvas, 164, 165, 180

Buyer persona, 180

C

Call-to-action, 180

Campaign tab, 180

Canal atrativo e organizado, 108

Canvas, 180

Características das ferramentas, 20

Certificação(ões)

Blueprint Facebook, 119

digital, 148

em Google Ads, 103

Chatbot, 127, 180

Check-up, 180

Churn, 180

5 As, 35

5 pilares do marketing 5.0, 39

City tour, 180

Classes de produtos industriais, 18

Clickbait, 180

Cloud, 180

CMO (diretor de marketing), 7

CMYK, 60

Cobrança de consulta, 148

Código de instalação de *tag*, 103

Comissão de Divulgação de Assuntos Médicos (CODAME), 49

Competitividade, 155

Componentes, 18

Composto de marketing, 17

4Ps aplicado à saúde, 18

Comunicação, 55

Conceitos e fundamentos de marketing, 15

Confiabilidade, 30

Conselho Nacional de Autorregulamentação Publicitária (CONAR), 49

Consideração, 113, 115

Contato(s), 78

de serviços, 31

Conteúdos, 19, 79

Convênios e planos de saúde, 78

Conversão, 113, 115

Conversational card, 133, 180

Conversion, 181

Conversões, 115

Cookies, 181

Coordenador de marketing digital, 8

Cor

azul, 59

branca, 59

verde, 59

Correspondência

ampla, 96

de frase, 96

exata, 96

CPA (custo para maximizar conversões), 109

CPC (custo por clique com direcionamento de tráfego), 109

CPV (custo por visualização), 109

Create an account, 181

Criação

de anúncios no Instagram app, 124

de logotipo, 57

de *rapport* no discurso de captura, 174

de release, 155

de site ou blog, 72

do *briefing* do site, 76

CRM, 158, 159

Cross-selling, 40, 181

Curva

ABC, 155

de valor, 28

Custo(s)

de aquisição do cliente (CAC), 167

por aquisição (CPA), 112

por clique (CPC), 112

por lead (CPL), 112

por mil (CPM), 112

Customer relationship management (CRM), 181

D

Dados demográficos, 116

Dashboard, 181

Data science, 181

Dayparting, 181

Decoração *clean*, 181

Definição de preços

pela concorrência e *benchmarking*, 24

pela demanda, 23

pelos custos, 23

Departamento de marketing, 3

Desempenho, 116

Designer, 9

Deslike, 181

Desnatação (ou *skimming*), 24

Detalhes do vídeo, 107

Devices mobile, 181

Diagnóstico da presença digital da marca, 87

Digital influencers, 181

Diretor de arte, 8

Discovery, 181

Display, 181

Distribuição, 22

exclusiva, 23

intensiva, 23

seletiva, 23

Downloads, 181

E

E-book, 181

E-commerce, 181

Empatia, 30

Engajamento, 115

digital, 85, 88

no TikTok, 135

orgânico, 134

Entrevistas, 50

Equipamentos
clínicos, 50
e acessórios, 18
móveis, 18
Escala Pantone, 60
Especialidade, 94
e títulos, 50
Estratégia(s)
combinada (*push-pull* combinados), 21
de composto promocional, 21
de distribuição, 23
de expansão (*push*), 21
de precificação de novos produtos ou serviços, 24
de retração (*pull*), 21
dos 3 H's, 80
Estrutura, 78
simples do *growth hacking*, 44
Estudo de viabilidade econômico-financeira, 156
Exames, 78
Experiência(s), 19
do paciente, 175
na página de destino, 101
Extensão
de anúncios, 98
de chamada, 99
de formulário de *lead*, 99
de frase de destaque, 98
de local, 99
de site e *link*, 99
de *snippets* estruturados, 99

F

Facebook, 65, 66
Ads, 112

Fee-for-service, 181
Feed, 181
Feedback, 181
Fidelização, 160
First view, 132
Fluxo de criação de meta e público, 125
Foco, 55
Formatos
anúncio carrossel, 124
de anúncio, 109
de anúncio padrão, 133
de *takeover*, 132
digitais, 63
Fotógrafo, 9
Fotos
de pacientes, 50
e vídeos, 68
Frases resolutivas, 94
Front-end, 182
Full sack, 182
Funções
de facilitação, 22
do gestor de marketing na área de saúde, 4
logísticas, 22
transacionais, 22
Funil de vendas, 158

G

Geolocalização, 38
Geração de cadastros e mensagens, 115
Gerenciador(es)
de anúncios, 113
de negócios, 118
Gerente de marketing, 7

Gestor
  de conteúdo, 10
  de projetos, 7
  de tráfego, 12
Google
  Ads, 91
  Discovery, 182
Growth hacking, 41, 182

H

Hackeada, 182
Hashtag, 182
HELP, 81
HERO, 81
Hiperlink, 182
Home
  office, 182
  page, 182
  principal, 76
HUB, 81
Hugme, *software* de atendimento, 139

I

Identidade visual digital, 55
  do consultório, clínica ou hospital, 56
Imprensa ou mídia, 78
In-stream, 182
Inbound marketing, 182
  e CRM, 156
  na área da saúde, 162
Indicadores financeiros de sucesso, 167
Insight, 182
Instagram, 64, 119
  tipos de anúncio no, 122
Instalações, 18

de app, 115
Inteligência artificial, 37
Interface experience, 182
Internet
  das coisas (IoT), 37
  protocol (IP), 182

J

Jornalista, 10

K

Key performance indicators (KPI), 182

L

Landing page, 182
Layout clean, 182
Leads, 182
Lei geral de proteção de dados
(LGPD), 47
Leilão de palavra-chave, 100
Lifetime value (LTV), 169, 182
Like, 183
Links, 183
Live streaming, 183
Logomarca, 58
Logotipo, 76

M

Marca, 56
Market share, 183
Marketing
  4.0, 33, 34
  5.0, 33, 36
  ágil, 41
  aumentado, 41
  com base em dados, 39

conceito, 15

contextual, 40

de campanhas, 113

na área da saúde e legislação, 45

pessoal, 55

  do médico, 55

preditivo, 40

Marketplace, 183

Masthead, 183

Matéria-prima, 18

Material publicitário, 50

Merchandising e comunicação em PDV (ponto de venda), 20

Metas de marketing para anúncios

  bumper, 111

  in-stream

    não puláveis, 110

    puláveis, 110

  masthead, 112

  out-stream, 111

  vídeo *discovery*, 111

Método de auditoria mensal, 141

Métrica norte, 43

Mídia

  compartilhada, 87

  conquistada, 86

  espontânea, 86

  paga, 87

  proprietária, 87

Mindset digital, 183

Miopia de marketing, 16

Missão, 154

Mobile, 183

  first, 183

  health, 147, 183

Modelo

  Canvas aplicado, 167

  de negócio *canvas*, 166

Moments, 132

Monitoramento, 89

  da venda, 102

Montagem do anúncio, 99

N

Net Promoter Score (NPS), 170, 171, 183

Nome dos profissionais, 94

O

Objetivos

  de campanha, 94

  de marketing, 114

Off-line, 183

On-line, 183

Opções de rastreio, 117

Organograma de agência de marketing digital, 6

Original equipment manufacturers, 183

Out-stream, 183

Outbound marketing, 183

P

Paciente como cliente, 170

Padronização da identidade, 64

Pageviews, 185

Páginas do site, 77

Palavras-chave, 96

Passos de conversões, 174

Penetração, 24

Perfil, 132

  e o *feed* perfeito, 78

Persona, 158

Pessoas, 29

Planejamento, 89

  de marketing, 153

Plano(s)

  de marketing empresarial, 154

  de saúde

    com especialidade, 94

    e SADT, 94

Plataforma, 116

  Blip, 126

Playlist, 183

Podcast, 183

Políticas de composto promocional, 21

Ponto de equilíbrio, 23

Portfólio de produtos, 132

Posicionamento da marca e o público-alvo, 155

Post, 183

Postura, 56

Praça, 17, 21, 95

Preço, 17, 23, 25, 50

Prêmios, 50

Presença, 89

  digital, 85

Procedimento, 94

Processo, 29

Produto, 17, 19

Produtos/serviços, 155

Profissionais, 78

Programador

  back-end, 11

  front-end, 11

  full stack, 11

Promoção, 17, 19

de vendas, 20

em tempo real do serviço, 29

Propaganda, 20

Propedêutica não presencial, 146

Proposta de valor

  do hospital × avaliação do paciente, 28

  em saúde × preço, 25

Prospects, 184

Prova, 29

"Ps" de serviços de saúde, 29

Publicidade, 20

Público

  personalizado, 117

  salvo, 116

  semelhante, 118

Publishers, 184

Pull, 184

Push, 184

Q

Qualidade, 26

  do serviço de saúde, 29

Quem somos, 77

R

Rapport, 174, 184

Real time, 184

Realidades alternativas, 37

Reclame aqui, 139

Reconhecimento, 113

  da marca e alcance, 114

  facial e de voz, 38

Redator, 10

Rede(s)

  de pesquisa, 94

sociais, 49, 78

Reels, 184

Relacionamento, 56, 90

Release, 184

Relevância, 101, 121

Remarketing do Google Ads e *tags*, 102

Remédios, 94

Responsividade, 30

Return on investment, 168

Retweet, 132, 184

RGB, 60

ROI de marketing digital, 168

S

SADT, 94

Score, 184

Script, 184

Seguidores, 120

Segurança, 30

Selfie, 184

Selo(s)

de qualidade e acreditação, 78

de verificação, 121

RA1000, 141

Serviços, 19

de saúde, 93

Shopper, 184

Símbolo, 61

Sintomas, 93

Sites e blogs, 49

Skimming, 184

Slide, 184

Smart, 184

Snippets, 184

Software, 184

Soluções em pesquisa de satisfação
Solvis, 173

Spam, 184

Speech, 184

Spotlight, 133, 184

Stories, 184

Storyboard, 69, 184

Streaming, 38, 184

Strenghts, 184

Suprimentos, 18

T

Tabela de cor, 58

Tags, 106, 185

Takeover, 185

Tangibilidade, 31

Target, 185

Taxa de cliques esperada, 101

Tecnologia adaptável, 148

Teleconsulta, 146

Telediagnóstico, 146

Telemedicina, 145

Telemonitoramento, 147

Telepropedêutica, 146

Termo de consentimento, 147

Test drive, 185

Testes A/B, 102

Thread, 132, 185

Threats, 185

Thumbnail, 105, 185

Ticket(s), 185

médio, 169

TikTok, 134

ads, 137

Tiktoker, 185

Timeline, 132, 185

Timing, 185
Tipo de campanha, 94
Tipografia, 63
Tipos de público, 116
Trade, 185
Tráfego, 115
   orgânico, 120
   pago, 120
Traffic, 185
Transformação digital, 37
Tratamentos, 78
Trend, 185
   promovida, 133
Trending topics, 185
Tweet, 132, 185
Tweetar, 185
Twitteiros, 185
Twitter, 67, 130
   Ads, 133
   Amplify, 133

Upload, 185

Upsell, 40, 185
User experience, 185

Valor(es), 154
   de investimento na campanha, 98
   percebido, 25
Veiculação, 100
Venda de catálogo e tráfego para o estabelecimento, 115
Videomaker, 8
Views, 185
Visão, 154
Visualização de vídeo, 115

Weaknesses, 186
Wearables, 186
Websites, 186
WhatsApp, 65, 126

Youtube, 104

Este livro foi impresso nas oficinas gráficas da Editora Vozes Ltda.,
Rua Frei Luís, 100 – Petrópolis, RJ.